ビジネスで損をしない100の方法

はじめに

ちょっとの気づきで、「損をしない人」になれる

一九七六（昭和五一）年に七坪の貸店舗で小さな店を始めてから、あっという間に三十七年という歳月が流れました。

何ごとも計画どおりにはいかないものです。人生や経営が真っすぐで平坦な道ばかりなら楽でいいのですが、振り返ると、厳しく苦しい上り坂や急激な下り坂、大きな落とし穴の連続でした。急な曲がり角を曲がり切れずに激突してしまうこともありました。はたまた、道が二つや三つに分かれていて、どちらに進むか悩んだこともありました。

しかし紆余曲折の中、私は多くの人と出会いました。いい出

会いばかりとは限りませんが、横に並んで歩いてくれる人や、後ろから背中を押してくれる人に出会いました。予期せぬ出会いも多々あり、中には私自身の人生を大きく変えてしまうような重要な人との出会いもありました。

人生や経営を通じて得た体験や出会いの中から、私は多くを学び、気づかせていただきました。そこで感じたのは、素晴らしい人生を歩み、素晴らしい経営で成功している人には共通項があるということでした。そのような方々は必ず「あの人のようになりたい」「あの人のような経営を心掛けたい」との思いを常に強く持ち続け、よい所をまねて、さらに自分の努力と併せ、強みとして行動している、ということを発見したのです。

このような発見をしていなければ、私も「今」の自分は存在していないのではと思うことがあります。誰もがちょっとの気づきで、損をしなくてすみます。

「損をしない人」に——人生は一度きりしかありません。

自分の人生が素晴らしいものになるよう、「損をしない人」

を目指し、自分を成長させていきたいものです。皆さん、「損をしない人」になって人生を切り開こうではありませんか。

ちょっとの気づきで損をしなくてすみ、人生を豊かにできるのだということを、一人でも多くの人に伝えたい――この私の思いに「私も同じ思いです！」と賛同くださったのが、本書の共著者である小倉やよいさんです。小倉さんと私の思いが一つになって、この本を無事出版することができました。これまた一つのすてきなご縁でした。

最後に、これまで私に多くの出会いを与えてくださった皆さま、さまざまな気づきを授けてくださった皆さまに、心から感謝申し上げます。

二〇一五年四月

幸南食糧株式会社
取締役会長　川西　修

目次

7 「いい人」としか言われない人 ➡ 「どうでもいい人」にならないように。 29
8 声が小さい人 ➡ 声の響きは業績に比例する。 30
9 知ったかぶりをする人 ➡ 「聞くは一時の恥、聞かぬは一生の恥」。ありのままを相手に伝えよう。 31
コラム ついつい知ったかぶりをして激しく後悔!! 32
10 挨拶や礼儀がなっていない人 ➡ 「はい」は「拝」。相手に対する敬いの気持ち。 35
11 いつもオーバーリアクションな人 ➡ 大げさ過ぎる表現は困りもの。 36
12 悪口、陰口を言う人 ➡ 悪口は結局、自分自身が損をする。 37
コラム トイレは鬼門！ 先客には気を付けよう 38
13 お辞儀が中途半端な人 ➡ 語先後礼。伝えたい言葉を先に、そして礼。 41
14 電話の声で誤解されやすい人 ➡ 電話の声はとても正直。 42
15 態度がやたらとでかい人 ➡ 「実るほど頭を垂れる稲穂かな」。常に謙虚さを持とう。 43
16 ことあるごとにぼやく人 ➡ 「ぼやき」は時間の無駄。 44
17 「ぼやき」や「ぐち」に同調する人 ➡ 「ぐち（愚痴）」……すなわち、「愚か」で「知恵が足りない」。 45
18 人の話を最後まで聞かない人 ➡ 話の腰を折らないで。 46
19 何でも人のせいにする人 ➡ 他責の人に仕事は任せられない。 47
コラム 「自分じゃない！」という思いのあまり…… 48

第5章　マナーで損する人

第6章 ビジネスシーンで損する人

1

見た目で損する人

❶ 表情の変化が乏しい人

第一印象として、まず大抵の人は、表情を見ます。挨拶するのも無表情、お礼を言うときも無表情……こんなふうに顔に表情のない人、もしくは表情の変化の少ない人がいますが、大変損をしています。なぜなら相手が、「あっ、この人、お礼は口先だけで、心から感謝していないのでは？」と、感じてしまうからです。たとえそう思っていなくとも、誤解を与えかねません。相手にいらぬ詮索をされてしまうのは損ですよね。

表情には、感情が自然に出てくるものですが、意識してつくり出さないといけない場合もあります。もともと「笑顔顔《えがおがお》」をしている人はいいのですが、そうでない人は、笑顔を意識しましょう。口角を上げて自然な笑顔を作り出せる努力をすることと、それが相手によい印象を与えます。

「感じのいい人！」最初に思われるのは、とっても得なことです。

☆口角アップで印象アップ。

口角を上げると、なぜ感じがいいのでしょうか？

「あの人、いつも感じがいいですね」

そんな印象を与える人を見かけます。よく観察してみてください。口角が上がっていませんか？

「素敵な人は幸せだから、自然と口角が上がる」と思いがちですが、実は逆。口角を上げているから、幸せになれるのです。

　脳というのは、意外とだまされやすい性質があります。口角を上げているだけで、自分が楽しいのだと勘違いしてしまうのです。脳が「口角が上がる＝笑顔＝楽しい」と判断すると、どういうことが起こるか。

　セロトニンという脳内ホルモンが分泌されます。セロトニンは不快感や興奮をしずめ、心を安定させる働きをしますので、ストレスの軽減になるというわけです。緊張する場面でもストレスホルモンが低下してくるんです。

　初対面の人と出会う会合、会社でのプレゼンテーション……緊張したり気が重くなったりしたときこそ口角を上げて笑顔でいれば、自然と心が落ち着いて、自分のよい面が引き出されます。笑顔でいることは、印象もよいですし、心の健康にもよいのです。

　また面白いのが、人間は「ミラーニューロン」という「他人と共感する細胞」を持っていて、他人の

動作を見て同じ動きをする性質があるんです。

皆さんが口角を上げて笑顔でいれば周囲の人も安心し、その人たちにも自然と笑顔が生まれます。

口角を上げると、口輪筋が上がる。すると自然に表情が明るくなり、アゴも心もち上がり、楽しそうな空気を醸し出すことができます。

「口角上げる＝気持ちを上げる」を意識するのです。口角を上げるだけで起こせる《ハッピースパイラル》。

ほら、口角を上げましょう‼

（小倉やよい）

2 姿勢や歩き方の悪い人

自分の姿勢を意識したことはありますか?
背中を丸め、姿勢の悪い歩き方は「なんか暗い人だなあ」「話しかけづらそうな人だなあ」とマイナス印象を強めます。姿勢だけでそこまで思われてしまうのです。なんと損なことでしょう!

癖を直すのは難しいですが、自分の歩き方、姿勢をもう一度見直してみましょう。不思議なもので、背筋を伸ばして歩くだけで大きくその人の印象が変わってきます。背中を丸めないよう、ポケットに手を突っ込まないよう気を付ける、歩き方に気を付ける……。

自分の姿勢を常に鏡やショーウインドーなどでチェックするだけで、大きく改善できます。歩き方や姿勢がよくなれば、周りからも好印象です。

☆背筋をピンと伸ばして歩こう。

3 第一印象で損する人

最初に会ったとき、顔、服装などの〝見た目〟で印象の五十五％が判断されてしまいます。初対面で、相手が死んだような無気力な表情をしていたら……？　体調が悪いんだろうか？　ご機嫌ななめなのだろうか？　その人と最初に会ったときに表情の印象が悪いと、たとえどんなにいい話しをしていたとしても、感じが悪い印象を与え、損をします。

人の印象を決めるのは、態度、話し方、言葉、声……、さまざまありますが、大切なのは「表情」だと私（小倉）は考えます。顔は変えることはできませんが「顔つき」は変えることができます。口角を上げ、しっかりと相手を見つめる、それだけでもよい印象を与えることができます。

イキイキとした表情の人なら、これから共にするプロジェクトにも希望が持てますよね。会った瞬間の第一印象……口角を上げましょう。

☆イキイキした「顔つき」を。

❹ 清潔さに無関心な人

常に清潔にしていることは人としての基本的なエチケットです。しかしこれを忘れてしまっている人を時折見かけます。服や髪の汚れ、ニオイ……自分では気付かないものです。周りも指摘しにくいから、陰で「不潔な人だなあ」と思われるだけ。人間性も疑われてしまいます。特に、女性に与える印象は最悪でしょう。

清潔な服装を心掛けましょう。襟や袖が汚れている、しわだらけなのは言語道断ですし、周囲に良い印象を与えません。衣服に気をつかう、口臭に気を付ける、髪型に気を使うなど、最低限はこれらを心掛けなければなりません。身だしなみをチェックすることは相手を思いやる気持ちにもつながります。

☆身なりや立ち居振る舞いでその人の品格が分かる。

5 身なりや物腰に品格のない人

前述の「清潔さ」の項目でも述べましたが、衣服や髪が汚れていたり、全体的にムサ苦しい身なりの人は見た目だけで人間性も疑われてしまいます。しかし、身なりだけ整えていればいいわけでもありません。ここが難しいところなのです。例えば自分に似合っていない服装をしている人。いくらモノがよくても、似合わない色のシャツやネクタイなどを身に付けていると、表情が暗く見えたり、なぜかダサく見えたりしてしまいます。

「姿は俗性をあらわす」ということわざがあります。「俗性」は家柄や素性などのことで、「身なりや物腰でその人の品格が分かる」という意味です。普段から身なり、そして自分に合う服装を意識しておきましょう。ちなみに私（小倉）はいつも申し上げます。日本人の顔色・顔立ちに最も似合う組み合わせは、濃紺か黒のスーツに白のシャツ、黄色のネクタイ。これなら間違いはないでしょう。

☆自分に似合う色や組み合わせを知ろう。

できるビジネスパーソンの大切なアイテムの一つに小物があります。男性は無頓着な方が多いですが、「男だからそれでいい」と思っていたら大間違い！　無頓着な男性が多いからこそ、小物に気をつかう人は「得」をします。

　世間で有名な大企業の社長にお目にかかる機会がありました。お話を進めるうちに、使い込んだ手帳を出してこられました。資料が何枚も挟み込まれ、スケジュールがびっしり書き込まれています。良質であろうその皮のカバーは長年使い込まれて色が変化し、非常に味わい深いものになっていました。六十歳を少し越

一流の万年筆を使いこなす人はやっぱり一流だった！

えたくらいの社長ですが、これまでの歴史がその手帳に刻み込まれているようでした。

　私の言葉を手帳に書き込もうと取り出した万年筆を見て「なるほど！」と思いました。とてもセンスがよく、こだわり抜いた超一流の万年筆だったのです。まず万年筆を使いこなしていること自体珍しいのですが、私の中で、その社長の評価は一気にアップしました。

　でもこの社長のすばらしいところは、それだけではなかったのです。社長が万年筆で書き込んだのは、私からのアドバイスでした。飲食店を全国展開している会社な

のですが、私がある店舗を訪れたとき、接客指導があまりできていないと感じたのでそのことを伝え、問題点や改善案を申し上げました。

まもなく社長から電話があり、「ぜひもう一度行ってみてください」と言われました。お店にうかがうと、私の改善ポイントをクリアして素晴らしい接客になっていたのです。私の言葉をきっちり聞いて素直に受け入れてくださったこと、それをすぐに実行してくださった見事なスピード感に感動しました。

このエピソードとセットになって、「小物（手帳や万年筆）にこだわる一流の社長」という印象が私の記憶に残っています。

（小倉やよい）

6 着こなしのセンスがいまいちな人

ファッションで人格や仕事の出来不出来が決まるわけじゃない。大事なのは中身だ、実力だ。……そんなふうに思っていませんか？　もちろん、間違いではないのですが。

あなたは服装、大丈夫ですか？　目立てばそれでいいわけではなく、地味だからいいというわけでもありません。着こなしはその人の人格を表し、印象をよくも悪くも左右してしまいます。決して二の次にしていいものではありません。


大切なことは、服装が「あなたらしいかどうか」です。あなたのファッションは、個性をアピールし、あなたのよさが出ていますか？

自分をよく知っている人は、さりげなく主張しています。全身が映る鏡を用意して、すみからすみまで自分をよく観察しましょう。ただ高級品を身につければいいというものではありません。人からどう見られたいのか、具体的に描いてみましょう。

☆服装はあなたを表す大切なアイテム。

3
振る舞いや言動で損する人

7 「いい人」としか言われない人

「あの人、どう思う？」――「そうですね、いい人ですよ」。こんなやりとりをよく耳にします。一見ほめ言葉のような「いい人」。しかし、言われて喜んでいると損をします。「いい人」という言葉は、実はいろんな意味を持っているのです。

「自分にとって都合のいい人」「どうでもいい人」「毒にも薬にもならない、あたりさわりない人」……などなど。

心から人をほめたり評価したりするときは、「謙虚な人」「気配りができていい人」「家族を大事にするいい人」と、きちんとよさを表現するものです。

もし「いい人」と言われたら、喜ぶだけでなく、どんな意味で言われたのかを考えてみましょう。「いい人（だけど、言い訳が多いね）」「いい人（だけど遅刻が多いね）」という、言外の何かが隠されているかもしれません。

☆「どうでもいい人」にならないように。

8 声が小さい人

相手に話しかける声のトーンのことを気にしていますか？　小さく、張りのない声は相手に「なんか暗い人だなあ。大丈夫かな？」という印象しか与えません。これは非常に損です！

声は意識して出さないとそのときの状況によって変化し、周囲に不安や心配を与えてしまいます。

気持ちが充実しているときはすべてが充実しています。声もそうで、内面の充実が如実に表れるのです。仕事が順調なときの声は大きめで張りがあるので、その喜びが相手にも伝わり、さらなる幸運を呼び起こします。どんなに気持ちが落ち込んだときでも、しっかりと相手の心に響く声を出すことが大切です。

☆声の響きは業績に比例する。

9 知ったかぶりをする人

「ああ、聞いたことありますよ」「そうらしいですね〜」

知らないのに知っているかのような相槌を打ったり、適当な返事をしたりする人がいます。こういう人は調子のいい人間と軽く見られて損をします。

また、面倒だからとか、今さら知らないとは言えないからといって、理解したふりをして話を聞く人も同様。結局後でばれて赤っ恥をかくのです。

知らないことは「ちょっと存じ上げませんでした」と正直に答えることによって、逆に知らないことについて知識を得られて、結果的に得をします。

周りを冷静に見てみてください。素直な人は成長も早いでしょう？　知ったかぶりをする人はせっかくのチャンスを逸して損をします。

☆「聞くは一時の恥、聞かぬは一生の恥」。ありのままを相手に伝えよう。

ついつい知ったかぶりをして激しく後悔！！

人は誰でも多かれ少なかれ、知ったかぶりをしてしまうものだと思います。私もついついしてしまいそうになります。

会話に、突然知らない言葉や聞いたこともない人物が出てきたり、知らない情報が話題になったりしたら……？会話に参加しているみんなは知っているようだ、常識なのかな？ 知らないのは自分だけ？ テレビや新聞に出ていたんだろうか？ これは知らないと恥ずかしいかもしれないぞ……！

と、あせってしまいますね。目上の人や地位のある人との会話なら、なおさらです。ここは一つ、知っている体裁で話を続けてみよう……なんて思いたくなるのも無理はありません。でも今思い返してみると、その場しのぎで知ったかぶりをして、ロクなことになったためしがありません。

恥ずかしかった私の知ったかぶりを一つご披露しましょう。

得意先で、たわいのない雑談をしていました。相手の方が、

「川西さん、海外へ行かれたことはありますか？」

と私に聞きました。

当時私はまだ海外へ行ったことがありませんでした。それなのに、

「ありますよ」

ありのままを話そう!!
知ったかぶりは損をする

と答えてしまったのです。

この人は、今どき海外にも行ったことがないのか、なんて思われたらバカにされるのでは？とつまらない想像をし、無理な背伸びをしたんですね。すると、

「どちらへ？」

と。まあそうなりますよね。

ここで私はもう引くに引けなくなり、あろうことか
「カナダへ行きました」

と、盛大にでまかせを口走ってしまいます。

ここからなんです、困ったのは。

「おお、そうですか！　どちらの空港から入られました？」

と、なぜかエラい細かい質問をしてくるんです。

実はその人、近々カナダへ行く予定をしていて、行ったことのある人からいろいろ聞きたいと思っていたそうなのです。あるんですねえ、こんな偶然困りましたよ。

今さら「いや実はウソでして」なんて恥ずかしくて言えません。どう話をつなごうか、頭をフル回転させて必死に考えますが、カナダの空港なんて知るわけがありませんから、当然答えられるはずもありません。

冷や汗をかきながら、ゴニョゴニョとお茶を濁しました。相手は、「じゃあほかの人に聞いてみますね」

ついつい知ったかぶりをして激しく後悔！！

と言いましたが、私の知ったかぶりがばれていたかどうかは今でも分かりません。妙な人だなあ、なんて思われていたかもしれません。

以来、二度と知ったかぶりはするまいと心に誓いました。分からないなら「分かりません」、知らないなら「知りません」とありのままに答えます。

私は、相手に知らないことがあっても決してバカにする気持ちにはなりません。知らないことなんて、誰にでもたくさんあるのですから。

ほんとに、知ったかぶりで得することなんて一つもありません。

（川西　修）

⑩ 挨拶や礼儀がなっていない人

挨拶・礼儀は人として基本中の基本。これは皆さん、頭ではよく理解されていることでしょう。しかしながら、挨拶をいい加減にする人の何と多いことでしょう。

きちんとした挨拶ができず、相手に不愉快な印象を与える人は、人間としての基本ができていないと思われ、間違いなく損をします。

礼儀は簡単には身に付きません。正しい振る舞い、相手に対する敬いの気持ち、それがあってこその礼儀作法です。礼儀作法の根底は「心」にあります。

挨拶は相手に自分を売り込む最大のチャンス。元気よく、印象に残るよう、さわやかな挨拶を心掛ければ、それが相手にいい印象を与え、社内でも営業先でも必ずいい結果を生みます。また、必ず相手より先に挨拶するようにしましょう。与える印象が格段によくなります。

☆「はい」は「拝」。相手に対する敬いの気持ち。

⓫ いつもオーバーリアクションな人

「いやーそれはすごいですね！　さすがは○○さんだ！」

相手を持ち上げようと、妙にテンションを高めて、大げさに表現する人がいます。

表現をオーバーにすることは決して悪いことではありませんが、行きすぎたリアクションは「この人、自分のことバカにしてない？」と、不快感と不誠実な印象を与えて損をします。せっかく相手をほめているつもりなのに損をするなんてつまらないですよね？

常識あるまともな人は、そんなにオーバーな物言いをしないものです。

表現力が豊かなのはすてきなことですが、度を超すと相手をからかっているように受け取られます。対人関係は何かと気を付けたいものです。

☆大げさ過ぎる表現は困りもの。

⓬ 悪口、陰口を言う人

「あの人、上にはいい顔するけど部下には受けが悪いらしいよ」「あいつ、会議でどうでもいいことばかり言うんだよ」

人が集まって話が盛り上がったとき、飲み会の席、ついついそこにいない人の噂話が……！　気を付けましょう。

人の悪口は聞いていても気持ちのいいものではありません。陰に隠れて悪口を言う人は「人間的に問題あり」と思われて損をします。

悪口を言う人の心理には妬みや恨みが蔓延しています。

悪口を聞かされて、なるほどいいことを言うな、と思う人などいません。むしろ「自分もどこかで言われているのでは？」と不審がられ、やがて周囲から敬遠されてしまいます。悪口は慎みたいものです。もちろん人の悪口に同調するのもやめましょう！

☆悪口は結局、自分自身が損をする。

「悪口を言う人は損する」という話がありましたね。本人が悪口のつもりでなくとも、そして、絶対に誰も聞いていないと思っていても、大失敗につながることがあるんです。

仕事関係の、ある会の集まりでのことです。メンバーが一堂に会しての話し合いが終わり、トイレへ行きました。すると、出席者同士がある別の出席者について、陰口をたたいているんですよ。しかも大きな声で。

「あの人、バカじゃなかろうか」なんて笑いながら。

子どもじゃあるまいし、ついさっ

トイレは鬼門！　先客には気を付けよう

きまで一緒にいた人のことを別の場所でけなすなんて、一体どんな人間性なのかと疑ってしまいますね。

しかし事はそれだけでは終わりませんでした。

次の瞬間、私は凍りつきました。まさにその噂の的になっている人が、すぐ近くで手を洗っているんですよ。

私は横にいて聞いていただけですが、そんな場面に直面してびっくりして一緒に凍りついてしまったんですけどね。まさかトイレに先客がいて、よりによってその本人だったなんて。

その人は何も言わずにトイレ

から出て行きましたが、自分の陰口をあんな形で聞いて、どんな気持ちを抱いたことでしょう。

いやあ、トイレって怖いなあ、悪口って怖いなあと震え上がった次第です。

こんなこともありました。

これも大勢の業界人のいる集まりでした。私は数人の輪に入って歓談していました。

そこで一人が、ある人の悪口を言ったんです。私はそんな話題には入りたくなかったので聞いているだけでした。

しかしうかつなことに、

「……と思いませんか、川西さ

ん？」

と不意に振られたとき、うっかり「ふんふん」と相槌をうってしまったんです。

相槌だけです。

そして後日。とんでもないことになっていましたよ。どこからどう伝わっていったのか、

「川西が、○○氏のことをこんなふうに言っていた」

と、なぜか私が発言したことになっていたんです。びっくり仰天ですよ。うっかりとはいえ、うなづいただけなのに。

私は、人の悪口を言うなんてもってのほか、同調するのさえ嫌

トイレは鬼門！ 先客には気を付けよう

だと思っているので、そんなふうに思われたことがとてもショックでした。人を笑い者にして憂さ晴らししたり、悪口を酒の肴にして楽しんだり、そんな人生は送りたくないと思っています。

このことがあってから、他人の噂話には絶対に同調しないように気を付けています。

悪口が始まったらすぐにその輪から離れる。同意を求められても「私、あまりよく知らないんですよ」とにごす。これが一番です。

皆さんも注意してくださいね。特にトイレは鬼門ですよ！

（川西　修）

13 お辞儀が中途半端な人

お辞儀をし慣れていないのか、タイミングがおかしかったり、不格好になっていたりする人がいますが、見ていて歯がゆいものです。

お辞儀には敬意の段階に応じた正しい仕方があります。マナーの欠如した人は悪印象を与えて損をします。最低限のお辞儀作法を身に付けて、相手に好印象を与えるお辞儀を。

　お辞儀には、会釈（草礼）、敬礼（行礼）、最敬礼（真礼）、段階に応じたお辞儀の仕方があります。これらをきちんと身に付けるだけで、相手に好印象を与えます。

　コツは、指先を揃えて、首だけでなく、上体を傾けてお辞儀の前後に相手の目をきちんと見ること。そして挨拶などの言葉は、お辞儀しながらではなく、上体を起こしてから発します。せっかくの言葉が地面に向かってしまい、相手に聞こえにくくなるからです。

☆語先後礼《ごせんごれい》。伝えたい言葉を先に、そして礼。

14 電話の声で誤解されやすい人

電話の相手の声の調子って、非常に気になるものです。初めての人なら、声で「気難しそうな人だなあ……」と感じたり、知った人なら「いつもより元気がないな。具合でも悪いのかな?」と心配したり。

電話は顔が見えないぶん、声ですべてを感じ取ります。耳で感じ取ったイメージは、ときに真の本人とは違った印象を持たれることがあります。例えば、抑揚がないため不機嫌だと思われたり、落ち着いた感じの人が年齢より老けて思われたり。これは損ですよね。

これは、電話をかけるときの心がけで大きく変わります。私（小倉）はいつも、声をワントーン上げて話すように指導しています。美声である必要はなく、相手を常に気づかって、明るい印象で話せばよいのです。電話の声が相手に与える印象は想像以上に大きいと考えてください。そして、こちらからかけた場合には、「今大丈夫ですか?」「よろしいですか?」などの一言を忘れずに!

☆電話の声はとても正直。

15 態度がやたらとでかい人

その人の癖なのでしょうか、立場を誇示したいのでしょうか、頭ごなしにものを言ったり、命令口調だったり、自慢ばかりして煙たがられている人、必ず周囲に一人や二人いますよね。
当たり前ですがそんな人のそばには誰も寄りつきたがらず、自分の世界を狭くしてしまいます。

横柄な人の多くは、傲慢な態度に周りの人がうんざりしていても一向に気づきません。へりくだる必要はありませんが、ときには思いやりや優しさを表現し、自慢話に聞こえないよう、中に失敗談を忍ばせるといったユーモアや気づかいが多少なりずとも必要です。

☆「実るほど頭《こうべ》を垂れる稲穂かな」。常に謙虚さを持とう。

16 ことあるごとにぼやく人

「会社がおかしい」「上司が分かってない」「部下が無能過ぎる」「この仕事は自分に合ってない」

一体何のアピールなのか、しょっちゅうぼやいたり、ぐちったりしている人がいます。真剣に悩みに向かい合うと「ぼやき」など生まれようがないと思いませんか？　つまり、「ぼやき」を言える人はまだ生きることに真剣になっていないのです。こんな人は何でも他人事で無責任な人と思われて損をします。

「悩み」だと思っていることも、実は「ぼやき」に過ぎないことが多いもの。生きるか死ぬかというくらいの切羽詰まった状況で考えることはただ一つ。悩みに勝つという信念です。常に前向きに悩みや問題に立ち向かう、この意識が自身の成長スピードを速めます。日々を精一杯誠実に、真剣に。

☆「ぼやき」は時間の無駄。

17 「ぼやき」や「ぐち」に同調する人

周囲を見渡してください。酒宴の席で。喫煙所で。
人が集まる所でぐちを言う人とそれに盛り上がる人たち。同調し合って、お互いに傷をなめ合う。はたで見ていてとてもかわいそうな気分になってきませんか？　こういう人たちは必ず損をします。

傷をなめ合ってどうなるでしょう。もしそんな人がいたら、「ぼやき」なんて時間の無駄だ、まず動いて結果を出すことが先決だろう、と忠告してあげるべきでしょう。相手に気づきを与えることが最大の思いやりです。

「ぼやき」に付き合うのも、大変な時間の無駄なのです。

☆「ぐち（愚痴）」……すなわち、「愚か」で「知恵が足りない」」。

18 人の話を最後まで聞かない人

「先日仕事で横浜へ行ったんですよ。そしたら……」と、一方が話し始めるや、「私のカミさん、実家が横浜なんですよ！」と何の関係もない自分の話を突然突っ込んできて話の腰を折り、相手の話を取ってしまう人がいます。これをされたら、本当に不愉快。悪気はなく、単なるおしゃべり好きな人なのですが、実に損をしています。

人の話を最後まで聞かないのはとても失礼なことです。また、話の途中で勝手に早合点して「ああ、知ってる。○○なんだよね」と話を終わらせるものよろしくありません。

何か言いたいことがあっても、とにかく相手の話をきちんと聞きましょう。それが常識ある社会人のコミュニケーションです。

☆話の腰を折らないで。

19 何でも人のせいにする人

何かミスをしたとき。「○○さんにこれでいいと言われた」「私はちゃんと伝えた。相手が忘れていたんだ」「どうしてそれを先に言ってくれないんだ」と、すぐに責任逃れをする人がいます。こんな人は周囲に不信感を抱かれ、信頼を失います。何でも人のせいにするとその場は楽ですが成長はありません。自己をしっかりと見つめられない人は常に責任を周りに転嫁します。そうすることでしか自分を守れない気の弱い人です。

常に自らを厳しく律する人には、人のせいにするという発想など生まれてきません。自分に原因を求め、自分に反省を促して状況を好転させようと努力します。そして将来、その努力が報われるのです。

何でも人のせいにするなんていう、みっともない子どもじみた行為はやめましょう。未熟なまま一生を終えることになってしまいます。自分には常に厳しくしましょう。

☆他責の人に仕事は任せられない。

「人のせいにすると損する」というお話をしました。日常生活でももちろんそうですが、ビジネスシーンでは痛い目にあいます。よくありますね、誰それが言ったの、言わなかったの。

私が社会人になったばかりの頃のことです。ものづくりの会社でアルバイトしていたんです。工程には複数の人間が携わります。私はその日の業務を指示通りに行い、退社しました。

あくる日出勤すると、なにやらずいぶん騒がしい。何らかの問題が起こっているようすです。上司は私に、「指示通りになっていない」と怒り出しました。見ると、前日私がやったのとは違う状態になっているんです。私は確かに指示通りにやって帰りましたから、その後誰か別の従業員の手によってそのような形になったとしか考えられません。

「自分じゃない！」という思いのあまり……

私は濡れ衣を着せられるのが嫌だったあまり、「私は先に帰ったので知りません。○○さんがやったのではないですか」

と主張しました。私がこう言ったことで上司はさらに激怒しました。

「人のせいにするな」

と。私でないのは事実です。し

かし上司は、誰がやったかということより、私が別の人間に責任をなすりつけたことを厳しく叱責したのです。人のせいにするのはビジネスで最低のことだと。

以降私は、何か問題が起きたら、たとえ自分がやっていなくても、真っ先にそれを主張するのではなく、現場の人たちと一緒に問題を解決するために最善を尽くすことを心がけるようになりました。

同様のことが起こらぬよう、「こうすればもっとよくなるのではないでしょうか」と改善案も提案するのがベストですね。

経営者になってからのことですが、自分の会社でこんなことがありました。

お客様から重大なクレーム。電話を受けたAさんは、その報告をうっかり忘れてしまいました。

三日後、お客様から激怒の電話が入り、社内は「大変だ！」と大騒ぎ。誰がはじめに電話を受けたのかという話になりましたが、Aさんは、「知らない」と言いました。ウソをついてしまったんですね。「自分じゃない」と主張することで、結果的に社内のほかの人のせいにしてしまった。結局は後から分かってしまうんです。

「自分じゃない！」という思いのあまり……

それからは、社員が一人一冊ノートを持ち、いつ誰からどんな電話があったかを記録し、さらに社員同士でノートをチェックし合って報告もれをなくすようにしました。

人間、誰でも忘れることはあります。つい誰かのせいにしてしまったり、犯人探しで嫌な思いをしたりすることのないような体制や環境づくりも必要ですね。


（川西　修）

20 部下と信頼関係を築くのがヘタな上司

部下にとって、想像以上に上司の存在は大きいものです。上司の一言でモチベーションが変わります。部下のミスに気づいていながら注意しなかったり、悪いところも改善させなかったり、部下が悩んでいるのに相談に乗らなかったり……こんな上司が部下に信頼を得られるはずがなく、いくら仕事ができても上司としての評価が低くなります。

部下のことは自分のこととしてかかわりましょう。私（川西）はよく「部下を知れ」と言います。自分の部下について、最低限次のことは覚えておいてください。

(1)フルネーム　(2)誕生日　(3)出身校と社歴　(4)仕事内容　(5)趣味

この当たり前のことをまず知ることで、驚くほど上司と部下のコミュニケーションがスムーズになります。どうすれば部下が元気よく生き生きと働いてくれるかを意識して接することができれば信頼関係が築けます。

☆身近に部下のことをもっと知ろう。

21「感じが悪い」と思われてしまう人

社内でときどき、「あの人、感じが悪いわ」といった声を耳にすることがあります。
社内においては男女を問わずお互いをみる目が厳しいものです。「感じが悪い」と、陰で言われていませんか？　なぜ「感じの悪い人」と思われるのでしょう？

どうすれば「感じのいい人」と思ってもらえるでしょうか。

「人間関係や会社に対する悪口や愚痴を言わない」
「意見を押しつけない」「ありがとうと素直に言える」
「清潔感がある」「整理整頓している」
「プライドを持って仕事をてきぱきこなす」
「弱音を吐かず常にポジティブ」「マナーをわきまえている」
「着こなしを意識している」

☆感じのいい人になるためのテクニックを身に付けよう。

22 案内状の返事をいいかげんにする人

案内状をいただいて出欠を求められているのに返事を放っておく人は、損をします。なぜでしょうか。

出欠の返信がなければ、相手はどう思うでしょうか。いいかげんな人だなあと思われるのはもちろん、返事の遅延のせいで相手の作業が滞ってしまうことにもなります。意外とこういうところであなたの人間性が見られているものなのです。

欠席する場合でも一言のわびを添えて返信すると、相手は嫌な気持ちがしません。返事も出さず放っておくほど失礼なことはありません。

返事を待っている相手の気持ちを思って早く返信するよう心がけましょう。ちょっとしたことでその人のすべてが判断されることがあります。少しの手間を惜しんで損をしないよう、気を付けてください。

☆返事をおろそかにする人に信用は築けない。

23 お金の使い方がうまくない人

お金の使い方が下手な人には気のいい人が多いようです。ついつい人におごったり高額な接待をしたりと、公私に関係なく無駄なお金を消費してしまう人。そんな人は、「この人、ビジネスでの金銭感覚もこんな感じなんだろうか？　大丈夫なのか？」と不信感を持たれてしまいます。まして経営者なら、会社の状態を疑われかねません。

日頃から、「生きたお金の使い方」を意識していますか？

生きたお金の使い方をする人は、無駄なお金は一切使いません。接待費にしても、効果が期待される場合は気にせず活用しますが、そうでなければきちんと見極めて、適切なお店選びをして、さっさとお開きにします。賭け事などはもってのほか。お金の使い方の中に、あなたのビジネスのやり方も垣間見られるのです。

☆お金の使い方でビジネスの感性が問われる。

24 酒癖が悪い人

お酒好きには耳の痛い話かもしれませんが……。

お酒を飲むとその人の本性が分かるといいます。酒癖の悪いことをとやかくいうわけではありませんが、度を越した飲み方をして人にからんだり、楽しい雰囲気をぶち壊したりする人がいます。例えば酔った勢いで口が悪くなってケンカをしかけたり、悪酔いして同僚や先輩に介抱させてしまったり。こんな人は人格を疑われて損をします。

お酒はいい飲み方さえすれば、本音を語り合えたり、立場の壁を取払い親密な関係を築けるまでになることもあります。

酒癖が悪いと自覚のある人は量を計りながら酒席に参加しましょう。一緒に酒を飲んで楽しい、そういう印象を与えることで、誘われる機会も増え、仕事の人間関係にもきっとよい影響を与えます。

☆よい飲み方で心の距離が縮まる。

25 ルールを守れない人

どんな組織でも集まりでも、人が複数いればそこにはルールが生じます。

社会人としてのルールを守れない人はその場所から退場を命じられます。組織人としてのルールをないがしろにすることは許されません。

昼休みの決まりなど、小さな小さなルールでも、守れない人は白い目で見られ、軽蔑の対象になってしまいます。


会社に在籍し、社会人でいるためには常識を持ってルールを守らないと、会社からも得意先からも見放されてしまいます。

周りから浮いているような雰囲気を感じたことはありませんか?

指摘を受けることがあれば自分の言動を冷静に見つめて素直に改善しましょう。

☆小さなルールを大切にする。

26 計画性のない人

「なるようになるから」と、行き当たりばったりで計画性を持たない人は、いつまでたっても決めたことを実行できず、信頼をなくして損をします。計画性のない人とはすなわち、時間をうまく使えない人。時間にルーズな人は仕事もルーズでしょう？

何事もまず計画ありきです。具体的な計画を練って、いかにして実現するかを慎重に検討します。想定できる問題点、トラブルをどう回避するか、それらを全部含めてプランをしっかり練ることによって、時間を有効に使い、正確性を持って進められます。

時間をうまく使う人は段取りも上手で無駄も少ないもの。

時間は、使い方次第で何倍もの価値が生まれるのです。

☆時間をうまく使う人は段取り上手。

27 スケジュール管理が苦手な人

「そのスケジュール帳、何のために持ってるの？」と言いたくなる人がいます。スケジュールが管理できない人は、せっかく決めた計画を台無しにして多くの人に迷惑をかけ、信頼を失って損をします。

仕事を成功させるためには「どんな目標を持つか」に十%、「そのために何をすべきか」に三十%、「いつまでにやるか」に三十%、「どのような方法でやるか」に三十%を割きましょう。

私（川西）は「いつまでに」を考えるとき、仕事の期間を四時期に分けます。例えば一カ月後が目標達成日なら、一週間ごとに第一期～四期と分け、一期で五十%、二期で三十%、三期で残りの二十%を終えるよう計画し、四期は調整期として使います。参考にしてみてください。

☆「何を」「いつまでに」「どのように」の三本柱で考えよう。

28 生まれや育ちを自慢する人

聞かれてもいないのに自分のご先祖や家庭、親の仕事の自慢など、家柄の自慢話をする人がいます。この手の自慢をする人は、大抵自分に自信がない人なのです。

社会に出て仕事をするようになったら、自分の実力、能力だけで勝負をしなければなりません。家族や生まれ育ちを偉そうに語っても何のメリットにもなりませんし、むしろ損するだけです。それは自分の実力でもなんでもないのですから。聞いている人も、「だからどうしたの？」という程度にしかとらえてくれないでしょう。

出自など、自慢するものではありません。そんなことより自分自身を磨いて、尊敬されるような存在になるよう努力することが大切ではありませんか？　賢く、人間ができていて、仕事もできるような人は、たとえ自分の家柄が立派なものだったとしても口にしません。本当に素晴らしい人物なら、周囲の人が勝手に語ってくれます。

☆自慢のし過ぎはいつか墓穴を掘る。

自慢ばかりしていると足をすくわれる

ビジネスのつながりでいろんな会社の人が集まると、ついつい自分を大きく偉く見せたくて、少しだけ事実を大げさに言ったり、自慢めいた発言をしてみたくなるものです。

一番カッコ悪い自慢は、自分自身や自社のことですらない、身内や知り合いの自慢だと私は思っています。よくいるでしょう？

「私の祖父は……」

「うちの息子は……」

「○○（政界、業界、芸能界などの有名人）に先日会ったときにね……」

「○○とはよく酒を飲む仲なんだ」

異業種の会合なんかに行くと必ずいますよ！　こんな人。

「さすが顔が広いですなあ」とお世辞でほめられてご満悦。

私は、ああまた始まった、と相手にしませんけどね。周りもおべっかを言いながら「やれやれ自慢か」と思っているに決まっているのです。

でもたまにですが、そんな人をちょっとこらしめてやりたくなるときがあるんです。

ある有名人と親しいことを延々と語る人がいました。「この

間も、私のおすすめの店で一緒に食事しましてて云々……」。まるでツーカーの仲だ、といわんばかり。やれやれ。ホントかね？　私の中にイケズ心が芽生えてきます。(笑)。

「ほお〜！　すごいですなあ！　そんなに親しいのならちょっと今電話してくださいよ。お話されているところをぜひ聞いてみたいです！」

と言うんです。すると必ず、

「いやいや、今はちょっと……」

と大あわてで言葉を濁し、うやむやにしてしまいます。

そこで私は「はは〜ん、ウソだ

自慢ばかりしていると足をすくわれる

な」と思うわけです。きっと周りの人も思っているでしょうから、その人は大恥ですね。

まあ、ちょっとこれはイケズでしたけどね。

そこで本当に電話する人は本物です。ごくまれに、十人に一人くらいはいますね。

でも、本来人間は素直、誠実、謙虚が一番大事だと私は思っています。

虎の衣を借るようなくだらない自慢などしていると、思わぬところで足をすくわれるだけです。

その有名人と知り合いであることが真実ならば、それを謙虚に語ればいいんです。

「あるパーティーで○○元首相にお会いしましてね。私なんて場違いだとは思ったのですが、名刺交換をさせていただくことができたんですよ。びっくりして、緊張してしまいました」

こんなふうに表現すれば、自慢どころかきれいな話に完結させることができますよ。

（川西　修）

29 滑舌の悪い人

滑舌の悪い人は損です。初対面の人に対する印象の三十七％は声のトーンで決まるからです。声の小さい人や早口の人も同様に損ですね。

ただ、滑舌の悪さって自分では気づかないものなんです。もし会話中に、相手に二度聞き返されることが多かったら……滑舌が悪い、もしくは声が小さいと思ったほうがいいでしょう。相手だって何度も聞き返したくないだろうし、気を使ってしまいます。

滑舌の悪い人は、はっきり、ゆっくり、大きな声で話すよう努めてください。それが好感を呼ぶコツです。私（小倉）は、初めて会う方に対していつも話し方や滑舌、言葉の使い方をアドバイスするようにしています。そういうアドバイザーを見つけることも大切です。滑舌の悪さに早く気づくことができます。

相手の耳だけでなく、心にまで届く話し方をすることが大切です。

☆言葉がきっちり相手に届かないと、思いも届かない。

30 SNSに何でもかんでも投稿する人

Facebook、twitter、LINE……ネット上で気軽に交流できるSNS（ソーシャルネットワーキングサービス）はもはや日常的なものになりました。

しかし注意！　気軽さゆえに、深く考えず何でもかんでも投稿してしまう人がいます。個人情報に抵触しているケースも多々。SNSへの投稿は、その人の本質をあらわにします。

「仕事でこんなことがあって腹が立った」「上司（部下、同僚）がバカで……」、写真と一緒に「こんな高級料理をごちそうになりました（↑私ってすごいでしょ！）」などなど。

調子に乗ってやみくもに投稿すると、人格を疑われかねません。

愚痴、悪口、批判、他人が反応に困るような重すぎる内容、自慢、デタラメ（を拡散する）、こんな投稿はしないように気を付けましょう。知らず知らずのうちにあきれられ、誰からも反応されなくなってしまいますよ。

☆気軽さゆえに要注意。

3
気持ちの持ち方で損する人

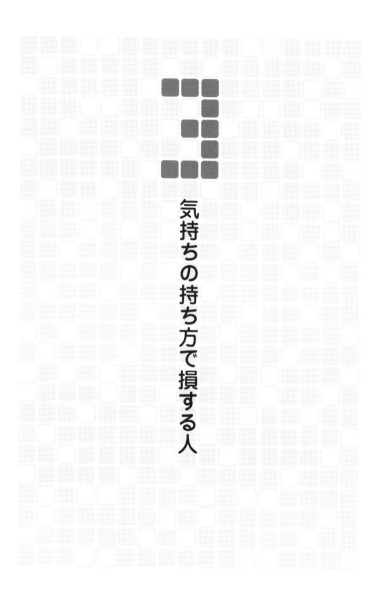

31 人の成長を妬む人

「同期入社なのに、なぜ自分よりあいつの方が成長が速いのか……」

「同僚が独立して起業……それに引き換え自分は……」

自分は努力を怠っているくせに努力して成長している人を妬む。これは人として最低です。こんな人は成長はおろか大損をしてしまいます。


人間関係で醜悪なのは妬みです。人が成長する陰には努力がつきものです。努力なしに成功などあり得ません。

人の成長を見たら、それを自らの発奮材料にすることのほうが人として健全ですし、建設的です。自分の成功への何らかのヒントも見つけ出せるかもしれません。妬んでも何も生まれません。

☆人の成長を自分の励みに。

「あいつは要領だけいい」……本当に「だけ」？

人の成長や成績を妬んでも何にも生まれませんよ、というお話をしました。

嫉妬で自分を見失った姿は、はたから見ても見苦しいものです。

自戒を込めて、私自身のお話を一つ紹介しましょう。

社会人になりたての頃です。同期入社の同僚が三十人ほどいました。その中には、要領のいい人がたくさんいました。

上司がいるときだけ、ものすごく熱心に仕事をしているふりをするのです。そして、そういう人たちは上司に目をかけられてどんどん部署を変わってポジションを上げていくのです。

一方私は不器用なほうで、仕事を覚えるのにも人より時間がかかっていました。要領よくなんてする余裕は、全くありませんでした。

自分自身の仕事すらままならないのに、要領のいいヤツは上がっていく。一緒に入社したのにどうして……と毎日悩みました。

「仕事は、結局上司の前でうまく振る舞えなければダメなのか？　彼らより自分のほうが真面目に頑張っているはずなのに……」

しかし、こう思えば思うほど、

同僚たちには成績に差をつけられていくのでした。

ここでやっと気づくのです。妬み続けることで出されるエネルギーはマイナスでしかない。どんなに妬んでも自分の技術・知識は後退するだけなのです。

妬みを励みにしないと自分はダメになる。人が成長した姿を見ることは、自分の成長につながる。そう気づきました。

そもそも、「要領だけがいい」と思っていた同僚たちは、本当に「要領だけ」だったのでしょうか？

私の目にそう見えていただけなのかもしれません。人知れず努力を重ねて、成績を上げていたかもしれないのです。実際に、「要領だけ」と思っていたある同僚は、人の三倍努力していました。

私は妬みの気持ちが大きすぎて、成績のいい同僚が本当は努力しているかもしれない、なんて想像できなかったんですね。

それに気づいてからは、やっぱり一つひとつ仕事を丁寧にする。

この基本の積み重ねが強みになっていくのだと思えるようになりました。

世の中は確かに厳しい競争社会です。でも他人の成長を妬んでいるうちは、自分の成長ステージは

「あいつは要領だけいい」……本当に「だけ」？

ないのです。

三倍努力する人間がいたら、自分は四倍、五倍努力するしかないのです。妬みの対象だった人の努力を励みにしていく。

「励みにする」とは、相手の優れた点を見つけて、自分も負けないようにすることです。そして、人の成長を素直に喜ぶことで、学びも得られます。そうすれば必ず成長ステージに登ることができ、必要とされる人間になれます。

（川西　修）

㉜ 楽な道ばかり選ぼうとする人

誰でも、きついと分かっている選択肢は避けたいものです。しかし、いつも平たんな道を選んだり、耐えなければならないときに逃げ出したりする人は、やがて大きな嵐に見舞われたとき、対処する力がなくてすぐに挫折してしまいます。

しんどい道を選んでしまい、そのときは「あー損した！」、逃げて「あー助かった！」と思うかもしれませんが、長い目で見ると、楽な道ばかり選ぶ人のほうが損をしているのです。

険しい道を選んで歩く人は、どんな不慮のトラブルに見舞われてもそれに対処する勇気と力を持っています。耐える力は「忍」の心につながり、最大の武器になります。耐えて忍ぶことで、パワーアップして大きく羽ばたく。「忍」は友をつくり、「忍」はチャンスをつくり、「忍」は人の心をつくります。

本当に強い人は、この「忍」を心得た人だと思います。

☆「忍」は最大の武器。

33 マイナス思考の人

どんな状況に立っても常にマイナス思考でしか考えられない人は大損してしまいます。プラス思考で考えると、パワーはいるし、疲れることも多い。その点マイナス思考って、楽なんです。何もしなくていいのですから。でもそれでいいのでしょうか？

マイナス思考で勝手に限界をつくってしまう人、あきらめやすい人は何をやってもうまくいきません。

つらいことでも、マイナス面の中のプラス面に目を向けましょう。確かにプラス思考にはエネルギーを要しますが、どんなことでも考え方次第でプラス面は必ずあるもの。そこに目を向けて初めて、急な坂道でも険しい道であっても、乗り越えることができるでしょう。

☆マイナス面にあるプラス面に目を向けよう。

34 感動の気持ちを素直に出せない人

何をしても喜びがない、うれしそうでもない。感動のない人というのは、ただ時間を浪費するだけの人ではないでしょうか。仕事も無気力で周囲と喜びあうことができません。一人冷めた人がいると、場にイヤーな雰囲気が流れます。決して怒っているわけではなく、悪い人でもないのですが、こういう人はやはり、損をします。

映画や舞台、テレビを観て感銘を受けたり、本を読んで感動したり、あるいは人に感動したり……、感動は身近にあふれています。

仕事でも同様に感動があります。手こずっていた仕事がようやく完成したとき、落ち込んでいた売上が伸びたときの喜びなど。感動することでモチベーションが上がり、それがよい流れを生んで、結果につながるのです。

☆感動が好結果につながる。

35 ついつい、おごりの気持ちが出てしまう人

すばらしい業績を上げ、出世した人。起業して大成功した人。尊敬に値します。

しかし、その人の言動に、おごりの気持ちが見え隠れしたら……。やっぱりその価値は下がってしまいますよね。

成功の陰にはさまざまな人の協力、支援、力があったことでしょう。でも、そのことを忘れ、自分の力だけで成功したと思うような人は傲慢になり、周囲の反発を買って損をしてしまいます。


「おごれる者久しからず」という言葉があるように、いくら優れた業績を築いても、おごれる人は感謝の気持ちを忘れ、その結果傲慢になります。家族に、仲間に、仕事があることに、お客様に、そして生きていることに感謝しましょう。

感謝の気持ちを忘れた人に幸運は巡ってきません。

☆成功者は常に感謝の気持ちで人・周囲に接している。

36 自分の力を過信し、反省を怠る人

他人から見れば大したこともないのに、「自分はデキる、ほかのやつとは違う」と思いこみ、それが態度に出てしまっているのはみっともないですね。むしろ本当に優秀な人は、自分の行いをいつも省みるものです。それができずに自分の能力を買いかぶっていると、知らず知らずのうちに周りから冷たい目で見られるようになり、損をします。

自分を「デキる」と思うのはけっこうですが、反省すべきことは反省し、真の能力を身に付けるよう努めることが大切です。反省は、自分の欠点を改善し、自分をより成長させます。反省を自分のよい薬としましょう。

自分の価値は自分で決めるものではありません。過信していばっている人は価値を下げるだけです。

☆反省を繰り返し、真の能力を身に付けよう。

37 自分の弱点が分かっていない人

なぜか同じ失敗を繰り返す人がいます。いつもしかられ、悩み、自分でも「どうしてなんだろう？」と納得がいかないのですが、また失敗する。これは、自分の弱点が分かっていないからです。自分を客観的に見ることができていないのです。とても損です。

私（川西）が「この人は強い人だなあ」と思った方々に共通していたのは、自分自身の強みも弱みもよく分かっているということでした。弱点をよく認識し、うまくカバーして克服する努力もしていました。

失敗を繰り返してしまう人は、まず自分の弱点を知りましょう。

☆弱点を知ることが成長の第一歩。

38 チャンスを逃してしまう人

前述のように、失敗を繰り返すのは自分の弱点が分からないからです。中には自分の弱点が原因なのに、失敗を他人や会社のせいにしてしまう人もよくいます。こんな人はチャンスを逃しやすいばかりか、事態をますます悪くし、ピンチのときにはつぶれてしまいます。


なかなか芽が出ない、チャンスをものにできない、一度失敗すると立ち直れない……こんな人は、知恵と工夫で弱点を克服していくしかありません。

チャンスは平等。

チャンスは弱点の克服から。

チャンスは自分でつかむもの。

☆チャンスは平等、自分でつかめ。

39 夢のない人

夢のない人は魅力に欠けます。男性であれ、女性であれ、夢を持たない人に輝きは生まれません。せっかくこの世に生まれてきたのですから夢を持たないと損をします。

何事も目標がなければ進歩しないのと同様に、夢がなければ生きがいも魅力も生まれません。夢があるからこそ頑張れる、そんな人生でありたいものです。

「営業成績トップに！」「五年以内に起業したい！」「目指せ年商一〇〇億！」

夢に大きい、小さいはありません。自分が描く夢、それが一番です。

夢の実現に向けて、次の三カ条をいつも心がけましょう！

一つ、「小さなことにも明確な目標を持つ」
二つ、「人の話に耳を傾ける」
三つ、「小さな努力を継続させる」

☆夢の実現三カ条で、いつも頑張る人生を。

40 うぬぼれの強い人

持っていないつもりでも出てしまうのがうぬぼれの気持ち。
うぬぼれの強い人は、何事も自分の思い通りになると思っているため、周りのことなどお構いなしということが多い。煙たがられていても気づいていないのが特徴です。おのずと、周りに敬遠されて信頼を失います。

うぬぼれの強い人ほど他者に対する攻撃性が強く、鷹揚ではないところがあります。こういう人の多くが実は劣等感を抱えており、カラいばりをしているのです。そして軽薄な人だとみなされてしまいます。

自信にあふれた人はいざというときこそ冷静で、行動を起こし、圧倒的な存在感を示すことで周りの信頼と尊敬を集めます。

☆うぬぼれは信頼を失う。

41 プロフェッショナル意識が足りない人

仕事に慣れて、仕事をそつなくこなすことをプロフェッショナルだと思い込んでいる人がいます。そこには自分に対する甘えしかなく、意識も当然低い。時間だけ過ごしてやり過ごそうとするようにすら見えます。こんな人は損をしますし、会社で自分の足跡も残せません。

私（川西）は、プロとは以下の十カ条を満たした人だと考えています。

①「素直になれる人」②「人の意見を正確に聞ける人」③「常に挑戦している人」④「最後までやり通せる人」⑤「信頼される人」⑥「笑顔で仕事ができる人」⑦「プラス思考の人」⑧「成果を出して貢献できる人」⑨「ミスを早く発見できる人」⑩「必要なフォローができる人」。プロは仕事に対する自負心も強く、誰にも負けないという意識も持っています。本当のプロになるためには一切の甘えを捨て、自分に対して厳しくあることです。そうでなければプロとして失格です。

☆プロなら一切の甘えを捨て、自分に厳しくあれ。

42 努力を「ダサい」と思ってしまう人

努力することを「ダサい」と「面倒だ」といってバカにする人がいますが、必ずしっぺ返しを食らいます。努力を怠っている人に共通することは、不満が多いということです。努力しないで成功しようなどと思っている人は必ず損をします。

努力する人は希望を語り、怠ける人は不満を語る。努力する者にしか成功への扉は開かないのです。

成功を願うのなら、人の三倍の努力が必要です。自分に与えられた今の環境に文句を言わず、ただひたすら努力を重ね、勉強をし続けることが大切です。そういう人物の周りには支援者も集まり、最後は大きな成果につながるのです。

☆成功への扉は、勝手に開く自動扉ではない。

43 人の話を中途半端に聞く人

真剣に人の話を聞こうとしない人は、自分のことばかり考えている人です。相手の話が入ってくる暇がありません。こうした人は回り回って必ず損をします。

また、耳が痛い話ほどさっと聞き流して早く終わらせたいものですが、そんな態度は相手に伝わってしまい、今度自分がきちんと話を聞いてほしいときに取り合ってもらえなくなることすらあります。

話にはいろいろあるはずです。忠告や依頼、アドバイスや相談。あなたを思って叱っている場合もあります。その言葉を真剣に受け止めず中途半端に聞き流す人は成長の機会を逸することになってしまいます。聞く時は真剣にうなずきながら、言葉を心に入れましょう。これを実践すればあなたは必ず成長し、周りからの評価も格段によくなりますよ。

☆相手の言葉を心に入れよう。

44 自分で「できない」と決め付ける人

「私には無理だ、できるわけない」

そう言って簡単にあきらめてしまう人がいます。こうした人は損をします。「どうすればできるだろうか」という方法を探ろうとせず、自分の可能性に制限を与えてしまう人は未来への道を自ら閉ざすことになります。

自分の可能性は無限です。あきらめたら明日はないが、あきらめなかったら明日が与えられる。その思いが不可能を可能にする原動力です。努力に努力を重ねて、それでもダメならさらに努力してください。必ず道は開けます。

どうせできない、という発想は、前に進まない自分をつくります。こんなダメ発想は捨てましょう。

☆ダメ発想では前進しない。

45 決断ができない人

私たちはいつも決断の連続です。特に経営者なら、決断することが仕事だといっても過言ではないでしょう。大事な局面なのに、いざとなると迷ってしまって決断できない人、こういう人は周囲や上司、部下からの信頼を得られず、損をしてしまいます。

注意しなければならないのは、このタイプは一見慎重なように見えて、その実チャンスを逸してしまっているという悪循環に陥っていることです。


数え切れない失敗や挫折を味わってきた人ほど決断力に優れています。

私（川西）は決断に迷ったとき、「今、何をすることが自分に求められているのか、何をすることが自分の道なのか、ひいては、何が正しい道なのか」を考えます。こうすれば、混乱した頭がだんだんと整理され、答えがおのずとでてくるのです。

ときには攻撃型、ときには防衛型、決断もいろいろ。決断することに勇気を持ち、立ち向かっていくことで、自分の能力も高まっていくことでしょう。

☆決断は成功へのひとつの扉。

46 責任感の希薄な人

責任感は、仕事や課題への取り組み方に表れます。その人の仕事にたいする粘りに表れるのです。途中であきらめる人は、行動に粘りの無い人が多く、成果もあまり期待できません。こういう人は、「責任感がない」「無責任だ」と言われて損をします。当たり前のことですが、責任感のない人を会社は必要としません。

本当に会社に愛着を持ち、仕事に誇りを持っていたら、責任感は自ずと生まれてくるものです。私（川西）は、責任感の欠如は「ぜいたくの中の怠慢」だと思っています。まず、会社があること、仕事があること、お客様があることに感謝すべきでしょう。

誰でもはじめに与えられるのは小さな仕事。それを責任を持って全うできれば、もっと大きな仕事、さらに大きな仕事へと進めるでしょう。

☆責任感が大きな仕事をつくる。

47 敗者の考え方をしてしまう人

失敗は誰にでもあります。そして、誰しも失敗すると落ち込み、やる気が減退し、自信をなくしてしまいます。失敗を重ねると、人は成功できなくなってしまいます。

「どうせやってもダメだから」「どうせ自分はダメ人間だから」

一番ダメなのは、失敗したからといってこうしたダメ発想に陥ってしまうことです。これは「敗者の考え方」。敗者の考え方は自分に対する甘えをも生み出してしまいます。

失敗の回路を断ち切りましょう。そのためには、小さな成功を重ねていくことです。「電話対応でほめられた」「予定より多くの取引先を回れた」……どんなに小さくてもいい、成功体験があなたに自信を取り戻させてくれます。また、部下が失敗で自信をなくしていたら、小さな成功を積み重ねられるよう導くのが上司の務めです。

☆小さな成功を重ねよう。

コミュニケーションで損する人

48 人を大切にしない人

周りのことが見えず常に自分中心で行動する人は、誰にも相手にされず、意見をしてくれる人もおらず、気付けば孤立していた、なんていう状況を招きかねません。当然、仕事にも悪い影響が出てくるでしょう。周囲の人を思いやる気持ちを持たない人は周りの人にも愛されません。

人を大切にしないで大成した成功者などいません。自己を愛するように他人を愛し、他人に思いを馳せる、そうすれば自然にあなたの周りにはたくさんの人が集まり、協力者も増えるでしょう。

人を大切にする気持ち、それは人を思う気持ちを高めること、ときには自分を捨てて相手を優先することも必要です。

☆人を思う気持ちを高め、ときには自分を捨てよう。

49 自己中心的な人

人間関係で一番嫌われやすいのは自己中心的な人です。自己中心的な人は周囲の人間のことを考えず、「自分がうまくいけばＯＫ」なのです。人を思いやることのできない人は損をします。人を思いやることのできない人にいい仕事などできませんからね。

人間は一人で生きているわけではありません。どうしても協調が必要になってきます。自己中心的な人は自分のことしか考えず、常に自分を中心として考えるため周囲と衝突しがちで協調が生まれません。

周りの人がいて、自分がいる。このことをいつも意識して日々を生きましょう。

☆周りの人がいて、自分がいる。

50 縁を大切にしない人

前述の項目にもありましたが、いつも自分のことしか考えていない人――すなわち、人を大切にしない人、自己中心的な人――はせっかくの縁を見逃してしまい、損をします。こんな人は出会いを大切にしないかわいそうな人です。

人は必ず「何らかの縁」で出会っています。それなのに、せっかくのいい縁を生かせない人が世の中にはたくさんいます。つまり、自分から積極的に人に接していかなければ、その縁は結ばれるところまでいかないのです。


私（川西）は「五縁」を大切にしています。

「血縁」「地縁」「知縁」「社縁」「趣縁」。

成功の鍵を手にする人は、常に自分にめぐって来る小さな縁を見逃しません。

よき縁はあなたをよくし、あなたのプラスとなります。そして大事なのは、よき縁は自ら進んでつくり上げていくものだということです。

☆人は縁で出会い、縁で変わる。

51 不親切な人

自分が不親切であるということに気付いていない人が、実は多くいます。不親切は、つまり相手に対する思いやりの欠如。あなたの言動によって相手がどう感じるだろうか、という想像力を働かせられないのです。

自分の気持ちに余裕を持つ人は、周りに対して常に思いやりと注意する気持ちを持っています。そして自然と相手の喜ぶ親切な行為を行うはずです。

その精神を心がけて忘れず他人に接してください。そうすれば、相手から感謝されるだけでなく、まわり回って自分も助けられ、信頼を得ることができます。

☆「気配り・目配り・心配り」の三つを大切に。

52 相手を喜ばせることのできない人

相手に喜んでもらう、すなわち感謝してもらうこと、これはなかなか難しいことです。まずはあなたのいい加減な対応、態度が災いしているかもしれませんよ。「こんなにしてあげているのにどうして？」と考える人。相手が喜ばないのは、あなたの姿勢、態度に問題があるからです。

必ず相手が喜んで感謝してくれる方法はあります。それは真摯に心から接することです。目の前の人は誰もすべて大切な人と思って接してください。

大切な人が喜んでくれることが自分の喜び、そう感じられるように。あなたは多くの人に感謝され、喜ばれる人になるでしょう。

☆喜んでもらうことが自分の喜び。

ほめられると誰でも気分がいい。ほめてくれた人に対する好感度もグンとアップするし、自分もその人をほめたくなってしまう。だから人をほめることでコミュニケーションがうまくいって、ビジネスのお話もスムーズに進む。

それはもちろん皆さんお解りだと思います。ただ、ほめ方が分からない、ほめるのが下手、苦手な人が何と多いことか。

特に日本人はそうなんです。欧米の方々は男性でも女性でも、実にスマートに相手をほめます。ほめるって、結構難しいもの。

ほめ言葉の引き出しを増やして、“ほめの達人”に

まず、慣れていないと不自然でぎこちなくなってしまいます。そして、嫌味にならないように相手をいい気分にしなければいけません。持ち上げておだてるのとは全然違うんですよ。かなりセンスが問われます。
ほめ上手になるためのヒケツは、言葉や表現の引き出しをたくさん持ち、各引き出しの中にもたくさんの「ほめ言葉」をストックしておくことです。
ほめ方がうまい人の言葉を普段からよく注意して聞いておき、それを自分なりにアレンジして、引き出しの中にどんどん加えて

いくとよいでしょう。

言葉選びには注意が必要です。例えば「個性的ですね」という言葉。前後の言葉で受け取り方が変わり、バカにしているととられるおそれもあります。

さらに、スタイルのよさなどに言及する場合は、相手が女性だとセクハラになることも！

そして「相手のどんな部分をほめるか」の基本ラインナップを押さえておくことも大事です。服装？　振る舞い？　仕事？　そのときのシチュエーションによっていろんなほめ言葉を使い分けるのが、〝ほめの達人〟です。

最もスタンダードな、誰にでもできるのが「服装をほめる」こと。

「いつも本当に素敵ですね」

「センスがいいですね」。

こんな感じでも十分なのですが、より具体的に、

「そのネクタイ、ご自分で似合う色をよくご存知で、さすが!! できるビジネスマンって感じですね」

「先日のスーツも素敵でしたが、今日のスーツもまた雰囲気が違っておしゃれですね」

などと言えば、相手は「自分のことに興味を持ってくれている、よく見てくれている」とうれしく

ほめ言葉の引き出しを増やして、“ほめの達人”に

なります。ヘアスタイルやアクセサリー、小物にも注意して目を配ってみましょう。
第一章で触れましたが、男性が「一番仕事ができそうに見える」服装は、黒か、限りなく黒に近い濃紺のスーツに白のシャツ、黄色のネクタイです。安倍晋三首相は、ここぞというときにいつも黄色のネクタイを締めています。
本書の共著者である川西会長にお会いしたとき、服装についてアドバイスさせていただいたことがありました。それ以降、ここ一番のときはいつも黄色の

ネクタイで決めておられます。

とてもお似合いで、表情までイキイキされています。こうやって、ご自分に似合う服装を知っている人は、間違いなく仕事もできるんです。

そのほか、笑顔など、表情をほめる。

「その笑顔、いつも癒されます！」

元気さ、バイタリティをほめる。

「いつもテキパキされていて、そしてお元気で、こちらまでやる気になりますよ」

仕事ぶりをほめる。

「常にバリバリお仕事をこなしてらっしゃって、部下の方からの信頼も厚く、本当に感心いたします」

……などなど。


ご家族のことをほめたり、声のよさ・話し方のうまさ・歌のうまさをほめたりするのもいいですね。そのときどんな状況にいるかで、ほめる内容も変わってきます。

二回目以降に会う場合は、「○○さん、今日のネクタイ……」と、相手の名前も口にするとよりスマートで好印象です！

ほめ言葉を口にするときは、きちんと心を込めてください。「相手の心の中に言葉を入れる」ように心掛ければ、真心が一層伝わり、喜んでもらえます。

人が喜んでくれる姿を見ると、自分までうれしくなってくるものです。


（小倉やよい）

53 「ありがとう」と口に出せない人

ささいなことでも、人に何かをしてもらったとき素直に「ありがとう」が言えない人は、相手の印象を悪くし、感謝の薄い人だと思われて損です。もちろん、ただ口先だけでは相手にかえって失礼になります。

一日は、ありがとうで始まり、ありがとうで終わります。朝目覚めて「ありがとう」。食事がいただけて「ありがとう」。仲間に会えて「ありがとう」。仕事があって「ありがとう」。今日一日に「ありがとう」。

そして、人に感謝を表現するには気持ちを込めること。相手の目を見て言うことも大切。できるだけはっきりと言いましょう。そうすれば相手もあなたを気に留め、よき理解者となり、困ったときにも喜んで手を貸してくれることでしょう。

☆「ありがとう」と感謝する心が自分の器を広げる。

54 本音で話し合えない人

ある新入社員が、何一つ不満も言わず、黙々と仕事をこなしていたとします。しかしこの社員のようすを見て、彼はきっと仕事が気に入っているんだな、と思い込んではいけません。私（川西）はかつて、こんなふうに思い込んでいた社員から、初めて話し合いを持ったときに「実は仕事が苦しい、続くか不安だ」と思わぬ本音をもらされて驚き、後悔したことがありました。社員が苦しそうな気配さえ感じられなかった自分をとても、腹立たしく思ったものです。

経営者と従業員の立場だからといって建前で接していては、理解し合えません。本音で話し合いをするにはまず、自分から本音で接する態度を持たねばなりません。人と人とのよい関係を続けるためには、本音でぶつかる機会をたくさんつくることが大切です。

☆本音で話し合う機会をたくさんつくろう。

55 自分の意見をゴリ押しする人

ビジネスの交渉でも、社内の会議でも。そして親しい友達同士でも、家族間でも。たとえ正しい意見であっても、一方的に意見を押しつけるのはダメ。相手の反感を買うばかりか、場合によっては敵をつくり、損をします。
こんなものはコミュニケーションではありません。

意見はその場の空気を読んで述べないと正しい評価を得られず、損するだけです。一方的だと相手は気分を害し、押しつけと受け取られて反発が生まれます。誰にも納得のいく話の進め方が大切です。対話で相手の意見もくみ取ることも必要です。一方的に主張することは考えものです。

☆まず相手の話を真剣に聴く。

56 聴きベタな人

多くの人は聴くよりも話すことを好みます。人は誰でも自分の話を聴いてもらいたいのです。だからこそ聴き下手は要注意。

相手の話の腰を折って自分の話を差し挟み、相手を不快な気分にさせてしまう人は気を付けなければいけません。

聴き上手になりましょう。聴き上手な人は、相槌や質問のタイミングをよく心得て、話す人を気分よくさせます。

聴き下手な人はいい加減に聞いていたり、上の空で自分が話そうとすることばかり考えています。コミュニケーション能力が高い人は、必ず聴くことも上手な人なのです。

☆話し上手は聴き上手。

意外と軽視されがちな、「聴く力」

私はいつも、「聞く」ではなく「聴く」という漢字を使います。「十四の心に耳を傾ける」。それが「聴く」こと。気持ちよく、楽しく話をさせてくれる人はとても好感度がアップします。

話好きなそこのあなた、ビジネスで、人生で損をしないために、「もっと聴いてほしい！」の気持ちをグッとがまんして、「聴き上手」になってみましょう。

さて思い返してみてください。人の話、上手に聴けていますか？

ただ相手が話すのを聴くだけでは聴き上手といえません。ホンモノの聴き上手は、話し手を気分よくさせるばかりではなく、まるで自分がものすごく話し上手になったかのように、そしてもっともっとこの人と話したい、とまで思わせることができるのです。

聴き上手のポイントは、話の途中に絶妙のタイミングで質問を投げかけ、笑ったり驚いたりなど感情をこめたリアクション（大げさでなく）をとり、「うんうん、それで？」と話し手の話に興味を持って入りこんでいるようすを見せるなど、話し手のテンションを上げるような演出をすることです。相手の目をしっかり見て聴くことも大事ですね。

これをするためには、当然相手の話をきちんと聴かなければなりません。でなければ適切な質問もできませんよね。

このように、ただ何も言わずに話を聞くのではなく、相手の気持ちを受け止めながら話を「聴く」ことを「傾聴」といいます。傾聴の三大要語（重要な言葉だから「用語」ではなく「要語」です！）は、「なるほど」「そうですね」「よくわかります」。相手の心の中に言葉を入れるのです。

話し上手よりも聴き上手を目指しましょう！

（小倉やよい）

57 自信過剰で慢心している人

自信を持つことは大いに結構なのですが、自信過剰で慢心している人は、他人に無理強いをすることも多く、いずれはコミュニケーションを破綻させてしまう危険性があります。こうした人はプライドだけがやたら高く、平気で人を見下して損をします。

控えめで出しゃばらず、それでいてビジネスにおいては辣腕で、部下に絶対的な信頼がある。こういう人は常に自分を律することができ、人に対する気づかいが深い人です。謙虚な態度にはその人なりの美学があるのです。

でも、謙虚さだけで自分に自信のない人はダメです。気持ちに余裕ある人は自信が生まれ威張る必要がなく、謙虚な人が多いものです。

☆気持ちの余裕が自信を生み、慢心をなくす。

58 人に嫌われる癖を持っている人

自分では気付かず、なぜかいつも他人を不快にさせる人がいます。普段の癖が人に不快感を及ぼしているのです。

早く気付かないと、デリカシーに欠ける人間と思われて損をします。

ただ、こういう人は損をしていることも気付かないものなんです。

一度、客観的に自分の癖を見るようにしてみてください。

不快な癖で多いのが食べ方です。音を立てて食べたり、ガツガツと犬食いをしたり、口に多くほおばる人など。食事がまずくなるので次に誘われることもなくなるでしょう。

また、会話中に貧乏ゆすりや、しきりに携帯電話をいじったりする人も落ち着きがない人と判断されてしまいますので慎みましょう。

☆「無くて七癖、あって四十八癖」。自分の悪い癖を知ろう。

59 おもてなしのヘタな人

「おもてなし」はもともと、「持って成す」という漢字からきています。相手のために、相手に喜びや満足をお届けする気持ちを持って成し遂げる。それがおもてなしの精神。

おもてなしの仕方の違いで好感度は大きく左右されます。訪問される方が心地よいと感じるおもてなしができないと、あなたの評価が下がってしまいます。

おもてなしに大切なことは〝目配り・気配り・心配り〟で、「どうしたらその人に喜んでいただけるか、満足を感じていただけるか」に重きを置きます。思いやりの気持ちを基本に、心地よい時間を過ごしていただく心構えを大切にしましょう。それらがキチンとできれば、あなたの評価もいい方向に変わるでしょう。

☆おもてなしは最上級の心づかい。

60 自己紹介のヘタな人

自己紹介の下手な人は、自分の存在を相手に印象付けられず、場合によっては不快な印象すら与えて損をします。

自己紹介はあらゆる意味で自分をアピールするチャンス。損をしない自己紹介を心掛けましょう。

☆場所・状況に応じた話題で。

自己紹介は単に名前を覚えてもらう機会ではなく、いかに自分を印象付けるかがポイントです。自分をアピールする時は、自慢話のように相手を不快にするような話は避けてください。場所や状況に応じた話題を選べるようになりましょう。

次のページのコラムで、自己紹介のポイントを紹介していますので、ぜひ参考にしてみてください。

「私は川の西で生まれました」

自己紹介をする場は誰にでも、いろんなシチュエーションがあります。ところが、自己紹介ベタのなんと多いことか!

自己紹介が下手だと、めちゃくちゃ損します。これは確実です。それだけでいろんなビジネスチャンスを逃してしまいます。

私は自己紹介するときに必ず心掛けていることがいくつかあります。まず名乗るときですね。

①「私は川西修です。川の西で生まれました。世の中を修められるような人間に成長しなさいと親が付けてくれました」

こうして、自分の名前の由来を簡潔に説明するフレーズを付け加えるのです。それだけではじめのインパクトが全く変わってきます。

こんなことも付け足します。

②「昭和二十一年六月十三日生まれ、今の日本の成長期を支えてきた一人であります」

次に、自分は何者なのかを紹介するのですが、これも普通にしていては誰も覚えてくれません。私はちょっと工夫して、

③「世の中の人々を幸せにする米の流通の仕事をしています」

最後に、趣味やプライベートのことについて、これも簡単に

でいいから触れます。この部分はある意味、一番興味を持って聞いてもらえるところです。私の場合は、

④「趣味は人との出会いです」

などと言うことが多いですね。趣味自体は何でもよいのですが、その趣味と自分の人生の関わり、どんな影響を及ぼしているか、いかに心を豊かにしているか、そういった点を述べるのが大事です。

ここで気を付けるのは、絶対に自慢になってはいけないということです。よくいるんですよ！「有名大学を優秀な成績で卒業し……」なんて、自分で「優秀」言うな！って思いますよね。「孫が三人おり、上二人は東大、末っ子は京大で……」といった孫や子どもの自慢も感じが悪い。自分のことですらありませんからね、それ。誰が人の子どもや孫の学校なんかに興味があるんですか。

だいたい、前述の①②③④の要素を基本の骨組みにしています。

自己紹介の時間やそのときのメンバーによってバリエーションを準備しておくんです。

一分間程度なら、この四要素をさらりと述べるくらいがちょうどいいでしょう。

しかし三分間とか、ちょっとしたスピーチ程度の長い時間が与えられたらどうしましょう。

「私は川の西で生まれました」

例えば私なら①のところで、ただ「川の西」というだけでなく、「ふるさとのにおいや景色が味わえる大切な場所です」といった思い出を語ります。

また、④のところで「仕事の中で一緒に歩んできたかけがえのない仲間がたくさんいます」と、これまでの歩みについても付け加えることがあります。

そうやって、四つの基本の骨組みに関連付けた展開で膨らませていくと、きれいな自己紹介になりますよ。

（川西　修）

61 相手の名前を覚えられない人

いつまでたっても相手の名前を覚えられない人がいます。自分だったらどう思いますか？「私ってそんなに印象がないのか」とがっかりしませんか？　失礼な話ですよね。こういう人はいずれ大きなしっぺ返しが来て損をします。

一度会った人の名前は、覚えておく努力をしましょう。覚えることで相手からの印象も変わります。

覚えようとしない人は相手を軽くみていると思われても仕方ありません。その軽く見ている人がいつ自分にとって重要な人になるか知れません。名刺を交わしたらできるだけ覚えるよう努める。これは人としてのエチケットです。

相手に話しかけるとき、「○○さん」と名前を言うようにすれば覚えやすいです。

☆会って五分以内に三回程度名前を言ってみよう。

いつも「○○さん！」と呼びかける

ビジネスで、お付き合いで、毎日毎日たくさんの人に会いますよね。一度や二度、会って会話を交わしただけで、なかなか相手を覚えられるものではありません。

しかし次回会ったときに名前が出てこないと、ばつが悪いし相手にも失礼だし、なんとかしたいものです。

私が相手の名前を覚えるためにまず心がけていることは、会話の中で「相手の名前を呼ぶ」ことです。

「そうですよね、川西さん」

「○○については、いかが思われますか、川西さん？」

自分で努めてそう呼ぶことによって、相手の顔と名前が自分の頭の中に、より記憶されやすくなります。私は初対面からこうして相手の名前を口にします。

名前を口にすることによって、親近感がお互いにわき、心の距離がせばまります。

次回会ったときも、

「ああ、川西さんこんにちは！」

「お久しぶりです川西さん！」

と、真っ先に名前を口に出して挨拶するのです。

これを心がけておけばなかな

か忘れることはありませんし、何より相手にも喜ばれます。

ただ、私は一日に二〇〇人以上と名刺交換することもあります。

さすがに全員を覚えることは不可能です。そういうときは、大変申し訳ないのですが、特に重要な人、今後お付き合いが続きそうな人などを優先して記憶にとどめるようにします。後で、その記憶がまだ鮮明なうちに、名刺に会った日付と場所、「メガネ」「○○出身」など相手の特徴を書き込んで保存しておきます。

それでも次回会ったときに思

い出せなかったら……？　私の使うテクニック（というほどでもありませんが）をお教えしましょう。

相手に名前を聞いたり、「お名前を忘れてしまって……」などと絶対に言わないこと！　感じが悪すぎます。相手は「知ってくれていると」思っていますから。まず、

「ああ、こんにちは！」

と元気に挨拶。何食わぬ顔で会話を続けます。でも頭の中では、その会話の中で相手の名前が引き出せるヒントを必死で探ります。

いつも「○○さん！」と呼びかける

ほかの人も交えて会話すると、そこから相手の名前やヒントが出てきます。たいてい、これでなんとかなるものです！

実を言うと、なかなか私の名前を覚えてくれない知り合いがいましてね。いつも私を見つけると元気いっぱいに挨拶しにきてくれるのですが、先日会ったとき、元気よく

「どうもどうも！　西川さん！」

と呼ばれてしまいました。会うのはもう八回目なのに……（苦笑）。

（川西　修）

62 NOと言えない人

無理な要求や不可能なことを要求されてNOと言えず、「解りました」と承諾してしまう人は結果的に相手の要求にこたえられなくて損をします。ビジネスシーンなら、とりかえしのつかない事態を招くこともありえます。


NOと言うのは失礼なことではありません。

どう考えても不可能だ、無理だ、と思えることを無理強いされて悩むよりも、その場で問題点を述べてNOと答えた方が相手も譲歩した方法を逆に提案する場合が多々あります。

命令だからと簡単に受けると相手も安心して任せてしまい、後々うまくいかない場合に、だまされたようなとらえ方をされかねません。

☆NOと言うことも大切。

63 人との付き合い方がヘタな人

「飲みニケーション」なんて言葉（ちょっと古いですが……）があるくらい、飲み会などの人付き合いは円滑なコミュニケーションに欠かせません。

付き合い方が下手で周りに敬遠され、損をする人がいます。また、毎日のように同僚に付き合って飲み歩いているのに付き合い下手だと言われる人もいます。本当の付き合い方をしっかり理解してください。

いい付き合いは相手に流されることではなく、自分の意志をしっかり持って相手と向き合うことをいいます。そうしないとただの飲み仲間の印象程度の人間で終わってしまいます。漫然と飲むだけの場にするのはやめましょう。

「あいつと付き合うと、刺激を受けて得るところがある」、そんなふうに言われる人は、常に自分の意志を持って相手に接しています。

☆〝いいとこ探し〟しよう。

64 メールを頼むとき、あと一言足りない人

打ち合わせ後に「あっ今のその件、メールにまとめて送っていただけますか？」言い方は丁寧ですが、言われた方はどうでしょうか？　上から言われたような気がしますし、手間がかかるなあと思うでしょう。あまりいい気はしません。こんな頼み方をする人は損しています。

こんな場合は、せめてもう一言、「クッション言葉」を付けましょう。

私（小倉）なら、「大変お手数をおかけしますが、先ほどの打ち合わせの件はまとめてメールでお送りいただけますでしょうか。よろしくお願いします」と言います。

今の世の中、メール社会。大変便利ですが、こんな状況もよくありますよね。相手に手間をかけることを申し訳なく思う気持ちを付け加えれば、頼まれた方も「はい、いいですよ」と快く聞いてくれるでしょう。

☆クッション言葉の使い手は、頼みごと上手。

65 緊急のメールを送りっぱなしにする人

メールは、互いの都合のよいときに送受信できるので大変便利なのですが、相手がいつ読むかは分かりません。

「○○の資料が急きょ必要になったので、今日じゅうに送っておいてください」

「この企画書、明日提出なので至急確認して修正しておいてください」

こんなに急ぎの用件をメールで送りっぱなしにする人がいます。忙しくてメールチェックできず、直前になって「メールしておいたのに！」と文句を言われても困ります。

緊急の頼みごとや、急ぎで返事が必要なときは、送信の前後に必ず電話でその旨を伝えましょう。送りっぱなしはトラブルのもとです。

ここでひと手間かけておくことで、自分のストレスも軽減されます。

☆メールの送りっぱなしはトラブルのもと。

66 メールの返事が遅い人

悲しいかな、昨今はメールが連絡手段の中心です。仕事の相手とのメールのやりとりは避けられるものではありません。コミュニケーションには絶対必要なのです。

しかしメールとは、心が通いにくいしろもの。電話と違って声が介在しないからです。

まして、メールの返信が遅いなんてことになると、「ちゃんと届いたかな？」「怒ってるのかな？」「忙しいのに送って、申し訳なかったな……」と、いらぬ心配をかけてしまいます。

メールのレスポンスはできる限り迅速に。忙しいときは、せめて確認したことだけでも伝え、内容に対する回答は後で送る旨を伝えると親切ですね。

声のない、文字だけのコミュニケーションです。相手に不安を与えないことを第一に考えましょう。

☆レスポンスで仕事ぶりがわかる。

便利なスマホは諸刃の剣

最近、スマートフォン（以下スマホ）時代ですね。

依存率の高さはいかばかりでしょうか……

そういう私も、先日、スマホを紛失し、本当に全ての機能がストップした経験がございます。

まず電話番号を覚えていない！で、メールで連絡をしようとすると……当然その道具がないから送れない！

すべての情報がスマホの中に入っているからです。予定をスマホに入れていると、それはもう大変なことになります。

スマホが手元にないだけで、人ってこんなに不安に襲われるんですね。困ったものです。

さて、大変便利なスマホですが、ときにはそれが「損をする」「感じの悪い印象を与える」道具になる場合があります。

例えば、時計を普段持たない方は、スマホを時計代わりにご覧になる方々も少なくないはず。

実はこれ、お話相手には、「感じが悪い」としかとらえられません。大変損をしています。

時刻を見るつもりでスマホの画面に目をやっただけでも、相手には「この人、自分の話を集

中して聞いてないな」と、思われても仕方ありませんから。もちろんご本人に、そんなつもりは全くなくとも。

スマホをメモ帳やスケジュール帳に使っている人も多く見られます。話し合いの内容や、そこで決まった予定を入力しているだけなのに、やはり話し中にスマホを操作することに不快感を持つ人が多い以上、あからさまに使うのは注意が必要。その場は紙に書き込んでおき、後でスマホに入れる方が無難です。

最近は、タブレットをお持ちの方も多いですね。タブレットなら、まだスマホよりは抵抗感を抱かれにくいのではないか、というのが私の感覚です。

　そして、もっと感じが悪いのは、話の途中でメールの返信をする人！

　はたまた、かかってきた電話に出る人。

　百歩譲って、やむを得ず電話に出るとしましょう。しかし電話に出るのなら、出方があります！

　先にお相手にお断りをしておく。これが、最低限のマナーです。

「途中で、どうしても対応しなければならない電話がかかってくるかもしれません。その際は、ご了承下さい」

　その上で、もしかかってきたら。

「あっ、大変申し訳ありません、ちょっと失礼致します」

　最大限の相手への配慮の言葉を送ります。電話の後も大事です。

「大変失礼いたしました、話の途中で申し訳ありませんでした」

　との言葉を絶対に添えるようにして下さい。

　この「一言の配慮の言葉」がないと、その便利なスマホは、たちまちあなたに損をさせる、感じの悪い道具になってしまいます。

（小倉やよい）

便利なスマホは諸刃の剣

5 マナーで損する人

67 空気の読めない人

場の空気を読めない人は自分のことしか考えていない自己中心的な人、協調性のない人というレッテルが貼られてしまいます。周りから〝要注意人物〟とされている人って、たいてい空気の読めない人なんです。

なぜ場の空気が読めないのでしょうか。それは状況判断ができないから。では、なぜ状況判断ができないのか？　……結局、他人に関心を持っていないからです。だから場の空気を一瞬のうちに白けさせてしまうのです。

改善するのは難しいことではありません。相手を観察し、相手の気持ちと何を求めているのかを想像しましょう。そうすれば、場違いな発言は少しずつ減っていくでしょう。

☆まず、他人に関心を持とう。

68 時と場合をわきまえない人

突然勝手なことをして、周りをぎょっとさせる困った人がときどきいます。

常に目立つ言動をし、時と場所を考えない行動を取る人は、場の雰囲気を壊す自分勝手な人と思われて損をします。仮に誰かに対して失礼なことをしていても、本人がそれを自覚していないので、始末が悪いのです。


目立っていい場合と悪い場合があります。その場の雰囲気を壊さないよう、うまく溶け込む努力をすることが人として当然のことです。

人は一人で生活しているわけではありません。常にたくさんの人との関係があって存在しています。周りを意識しない行動は迷惑をかけるばかりか、遠ざけられてしまいます。

☆雰囲気を壊さぬよう溶け込む努力を。

69 敬語が使えない人

「お召し上がりになられますか？」「おっしゃられました」……？

おかしいと感じましたか？　それとも正しいと思いましたか？　敬語をうまく使えない人は、社会人としてはアウトです。正しい敬語を身に付ければ、信頼と好感度が自然と上がります。


敬語には尊敬語、謙譲語、丁寧語の三つがあります。デキるビジネスパーソンは、TPOに応じてこれらを自在に使い分けます。

尊敬語は、お客様、取引先、上司など目上の人に対する敬意を表し、謙譲語は、自分がへりくだることで間接的に敬意を表し、丁寧語は、「です」「ます」調によって丁寧な表現をする言葉です。普段から意識して身に付けましょう。

☆意識して敬語を身に付けよう。

敬語は、ビジネスパーソンのレベルを表す言葉

敬語が上手く使えていないビジネスパーソンがいるのが現実です。どんなに身なりがしっかりしていても、どんなに立派な役職についていても、敬語を使えないと、ビジネスレベルが低いと思われてしまいます。

正しい敬語を身に付けるには、少し勉強する必要があります。しかし、すぐに正しい敬語を使う必要性があって、時間もかけられない場合は、頻出の〈敬語表現〉だけでも覚えてしまいましょう。

敬語には、尊敬語・謙譲語・丁寧語があり、これに加えて接遇用語や、接客用語などさまざまなカテゴリーがありますが、こまごまと覚えなくても大丈夫！　ビジネスの場でよく使われる表現を選んで覚えていけば、十分に対処ができます。

恥ずかしい間違いは致命的なので、なるべく早い段階で正確な敬語の知識を身に付けておきましょう。それぞれの敬語の意味合いもきちんと理解しておいて下さいね。

〈敬語とは……〉

【尊敬語】

相手の立場、動作、状況などに対して敬意を表する言葉。

【謙譲語】
自分がへりくだって相手を敬い、間接的に相手を高める言葉。
【丁寧語】
丁寧に言うことで、相手に失礼のない表現をする言葉。
【接遇・接客用語】
お客様に応対する際の言葉づかい。

〔STEP 1〕よく使う敬語の言い回しはコレ！

【尊敬語】
言う→おっしゃる
聞く→お聞きになる
見る→ご覧になる
食べる→召し上がる
行く→いらっしゃる
する→なさる
【謙譲語】
言う→申す・申し上げる
聞く→うかがう・拝聴する・承る
見る→拝見する・見せていただく
食べる→いただく・ちょうだいする
行く→参る・うかがう
する→いたす・させていただく
【丁寧語】
言う→言います
聞く→聞きます
見る→見ます
食べる→食べます

行く↓行きます
する↓します
【接遇・接客用語】
わかりました
↓承知いたしました
かしこまりました
どんな↓どのような
これ、ここ↓こちら
さっき↓先ほど
いいですか
↓よろしいでしょうか
いいです↓結構です
すいません
↓申し訳ございません

敬語は、ビジネスパーソンのレベルを表す言葉

［STEP 2］
間違いやすい言い回し

（誤）「了解いたしました」
↓（正）「承知いたしました」

知っている人には常識ですが、知らない人はずっと使い続けている危険な言い回し。取引先やお客様とのやりとりの中でよく出てくる「解りました」にあたる敬語ですが、「了解」という言葉には尊敬の意味がないので、敬語表現としてふさわしくありません。

そんなときは代わりに「承知いたしました」「かしこまりました」

を使いましょう。

（誤）「おっしゃられていました」
→（正）「おっしゃいました」

よく使っているのに実は間違っている敬語が「おっしゃられていました」という表現。

二重敬語の一つで、「おっしゃる」と「られ」という尊敬語が二つダブっています。「お帰りになられる」「～をなさられる」も二重敬語です。

例外もあります。大変よく出てくる「おうかがいする」という言い回しは、よく使われすぎて定着してしまい、NGとは思われないようです。

【STEP 3】
注意したい言葉づかい

なにげなく使われる言い回しが、実は失礼な言葉だった……!? なんてことにならないよう気を付けたいものです。言葉の意味を理解し、状況にあった正しい言葉を使いましょう。

×ご苦労様でした

これは目下の者の労をねぎらう言葉。基本的には「お疲れ様でした」を使いましょう。

×▲▲でいいです

「▲▲でいい」という表現は、どちらも

気に入らないけど……というニュアンスが含まれています。マイナスな表現を避けるためにも「▲▲の方がいいです」「▲▲を頂戴します」などと言うのがベター。

【STEP 4】実践！ どっちが正しい？

※正解は問題の後にあります。

問題1

a. 社長がお帰りになられました

敬語は、ビジネスパーソンのレベルを表す言葉

b. 社長がお帰りになりました

問題2

a. 召し上がりましたか

b. お召し上がりになられましたか

問題3

a. 先輩がこうおっしゃられました

b. 先輩がこうおっしゃいました

問題4

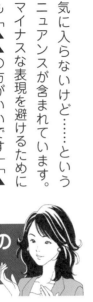

a．▲▲部長様はいらっしゃいますか

b．▲▲部長はいらっしゃいますか

解答

①正解はb。尊敬語の「お＋なる」を使った上に「れる」を付けるのは二重敬語。

②正解はa。「召し上がる」は「食べる」の尊敬語なので、右に同じ二重敬語。

③正解はb。「おっしゃる」は「言う」の尊敬語。さらに「れる」は付けない。

④正解はb。役職を示す言葉はそれ自体が敬語。だから役職に様をつけるのは過剰です。

言葉の使い方は、間違えると大変なマイナスイメージになってしまいます。

（小倉やよい）

70 マナーは常識だという感覚のない人

マナーなんかいちいち守るのは面倒くさい、仕事にならない……こんなこと、心のどこかで考えていませんか？

マナーを軽んじる人は、団体生活に不適合な人として相手にされなくなります。いずれ、人として社会人として周囲からひんしゅくを買って損をします。

マナーとは、人と人との決まりごと。そもそもマナーとは、自分が恥をかかないために守るのではなく、相手により気持ちよく過ごしてもらうため、あるいは相手との関係をよりよくするために、行動する人の真心を相手に届けるもの。

最低限のマナーを身に付けることで、周囲の目も変わってきます。マナーは常識と考えてください。

☆マナーを身に付けると周囲の目も変わる。

71 食事のマナーを知らない人

仕事ができて、人柄もよく、「素敵な人だなあ……」と思っても、その印象が一瞬でガラガラと崩壊してしまう人がいます。

多いのは、食事の場。食べ方がきれいでないと、よかった印象も最悪になってしまいます。ビジネスシーンでは食事しながらの話し合いはけっこう多いもの。

ナイフとフォークがきちんと持てない、お箸の持ち方が間違っている、音を立てて食べる……などなど。

会食というのは空腹を癒すのが第一の場ではないことに注意しましょう。同席した人の気分を害さないこと、はたから見てどう思われるかを意識することが大事なのです。テーブルマナーの細かい決まりごとを覚えるというよりも、それ以前の「みんなで食事を楽しむ姿勢」が大事なのです。

☆食事のしかたでその人の価値が分かる。

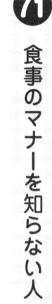

ここで申し上げている食事のマナーは、決してフランス料理や会席料理といった、高級でかしこまった席でのテーブルマナーのことではありません。

立食パーティーやカジュアルな宴席、居酒屋での飲み会。こうした場にもすべて共通する、お互いが気持ちよく食事できる最低限のマナーのことなのです。

食事のマナーで、会社の質まで疑われる！

とある企業の社長にお食事に招待されたときのこと。その方の食事のマナーの悪さにびっくり！地位のある人でも、目を背けたくなるような食べ方をする人が実際にいるのです。

その方の育ち、ひいては会社の質まで疑うことになってしまいます。

まず、お箸の持ち方がなってない！特に大人になったら誰も注意してくれないので、ずっとその持ち方のままきてしまうのでしょうね。

口に食べ物をいれたままお話される。

お酒をお飲みになるので、食事にほとんど手をつけられない。お料理のつくり手に申し訳ありません。食べないのなら頼まなければいいのに！

そしてきわめつけに、つまようじでシーシーと！

そのほかにも、大きな声でしゃべったり、お店の人に横柄な態度をとるなどで、こちらが肩身の狭い思いをしてしまいました。二度と一緒に食事したくないと思いました。

つまようじを使うのはいたしかたないのですが、使い方ってものがあります。食事の後、人前で使う下品な方がときどきいらっしゃいます。最悪なのは、シーシーいわせながら使う人。つまようじをくわえたまま話す人。自宅ではないのですから、もう少しお行儀よくできないのでしょうかと思ってしまいます。

つまようじのマナーって、意外と皆さん知りません。

使ったつまようじを置く場所にも注意です。箸袋があればその中に、もしなければ、人の目に付きにくい場所に隠すようにしてください。

目上の人が同席する改まった場では特に注意。もし、歯の間の食べカスが気になるようであれば、つまようじを持って席を立ち、化粧室で使うようにしましょう。

食事のマナーで、会社の質まで疑われる！

特に女性は、身だしなみを整えるときは必ず人から見えないところで。化粧室は身だしなみを整える場所としても活用しましょうね。

こうした例以外にも、食事シーンでこれはＮＧ！というものをざっと挙げてみましょう。

○ナイフ・フォーク、お箸の使い方が下手な人
○口に食べ物をいれてしゃべる人
○ひじをついて食べる人
○キョロキョロするなど、落ち

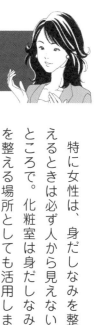

着きのない人
○パンを食いちぎる人（手でちぎりましょう！）
○眉間にしわを寄せたり、首をかしげたりしておいしそうな顔をせず、食事の批判をしながら食べる人
○音をたてて食べる人（そば・うどん以外）
○お酒を飲み過ぎて、食べ物をほとんど残してしまう人
○相手の食べる速度に合わせない人
○悪口をお酒のさかなにする人
○お店の人に横柄な態度をとる人
○相手の食べ方にケチをつける人
○大き過ぎる声でしゃべる人
○食事中に知人に合って、大声で呼んだりガヤガヤと話し出す人
○携帯電話をマナーモードにしていなかったり、その場で出たりする人
○コーヒーカップとソーサーを別の所に置く人
○煙草を許可なく吸う人

……心当たり、あるのでは!?
せっかく仕事ができて人望もあり、いい地位にあるのに、こんなことで他人に幻滅されちゃったら、本当に損！

（小倉やよい）

72 職場での気配りが不得意な人

職場は、一つの社会です。当然いろんな立場、考え、年齢の人たちが集まっています。気配りのできない人、マナーの悪い人、自分の気分によって不機嫌になったり無愛想になったりする人は、職場の人間関係を害してしまい、気付かないうちに損をすることになります。

朝や終業時の挨拶はもちろん、先に仕事が終わった人にもはっきりと「お疲れさまでした」と言いましょう。

そして周りへの目配り。困っている人がいたら「何か手伝えることはありますか？」と声をかけたり、荷物を持った人や物を探している人を手助けしたり、宴席で皆にまんべんなく話題を振ったりなどなど。

職場で評価が高く、信頼されている人は、こうした気配りができる人です。

☆ちょっとした気配りが評価を高める。

73 「三大要語」がうまく出てこない人

「おまかせください！」

どんな状況であれ、笑顔でこんなふうに言われたら、本当に安心できるものです。それまで渦巻いていた不安もスーッと消え去っていきそうです。反対に、このような言葉が相手の口から出てこないと、いつまでもモヤモヤと不安感が漂います。

人との信頼関係を築く上で大切な言葉が三つあります。

「大丈夫です」「おまかせください」「もちろんです」。

私（小倉）はこれを「三大要語」と呼んでいます。重要だから、「用語」ではなく「要語」です。この三つの言葉を自信を持って使えない人は相手を不安にさせ、信頼を失って損をします。

できないことをできると言うのではなく、自信があるからこそ使える言葉です。

☆相手に安心を与える三大要語。

仕事柄、披露宴の司会をさせていただくことがあります。かれこれ約二千組の披露宴の司会を務めてまいりました。

　司会者である私どもはたいてい、披露宴の二〜三週間前に、新郎新婦と初顔合わせすることになります。

　人生の一大イベントである結婚式の司会を任せるのですから、当然お二人にとっては、司会者というのは大変気になる存在であることは間違いありません。

　そこで、私がまず申し上げるのは……

「この度は、ご結婚誠におめでとうございます。

不安を安心に変える「三大要語」

　さて、今から一時間余りのお時間で、私に、さまざまなことをお聞かせください。

　当日は、十年来の大親友の気持ちで司会をさせていただきます。とにかく『お任せくださいませ！』」

　ここでまず、ご安心いただきます。

　打ち合わせを進める中で、いろいろなお話が出てきます。ああいうこともしたいね、こういうことはどうでしょう……

　初めて迎える披露宴でお二人は、期待と同時に一方で不安も

感じていらっしゃいます。

「これで、披露宴ちゃんとできますでしょうか？　大丈夫でしょうか」

　との声が聞かれることも。

　そんなとき、私はすかさず、

「私の中で、二時間半の素晴らしいご披露宴ができ上がりました！　もちろん！　大丈夫です、お任せください！」

　と自信を持って、笑顔で答えるのです。

　そうすると安心されて「そうですか！　ああ、小倉さんでよかった、お任せします」

　と、言っていただけます。

当然、お打ち合せの最中に、沢山の〝安心言葉〟を添えるのは言うまでもありません。

安心言葉とは、「相手に安心してもらうための言葉」。

例えば安心言葉としては「大丈夫」「心配ない」「問題ない」「信じてる」「任せて」「あなたならできる！」「一人じゃない」「見守るから」「おかえりなさい」「ありがとう」などがあげられます。

安心言葉をたくさん持っていると、信頼度が高まります。話の間のとり方、声のトーンも大切。

また、「えらい」「よく頑張ってる」「さすが！」「すごいね」「できるよ」「あなただから」のように、ほめ言葉も相手を安心させることができます。

不安を安心に変える「三大要語」

そして、〈もちろんです！　お任せください！　大丈夫です！〉の三つを、私は「信頼三大要語」と呼んでいます。

本文でも申し上げていますが、〝重要〟な言葉だから、用語ではなく、要語です！


（小倉やよい）

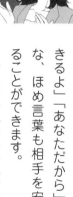

6

ビジネスシーンで損する人

74 元気よく仕事をしていない人

朝出勤すると、「おはようございます！」という明るい声があちこちで響くオフィスなら、「今日も一日頑張れそうだ！」と、やる気がみなぎります。反対に、みんな表情が暗い、入って来る人も黙ったままのオフィスだったら、一気にやる気が失せます。

つらいときもあるでしょうから、いつも元気でいるのは難しいですが、無気力が外に表れている人は損をします。一人そんな人がいるだけで、その場の雰囲気が悪くなってしまうからです。誰が無気力な空気の漂うところで仕事したいと思いますか。

職場では、努めて元気に仕事をしましょう。気分が乗らないときは、気持ちを切り替えて気力を充実させます。気分は、ちょっとしたことで転換できます。デスクを片付けてみる、コーヒーを飲む、服装・髪型・通勤ルートなどを変えてみる、違う分野の人と会って話をしてみる。あなたが元気になればきっと職場も明るくなります。

☆自分が変われば職場が変わる。

75 仕事が忙しいとグチる人

「仕事が忙しすぎて全然遊ぶ時間がないよ」

「はあ……疲れた」

などと言ってグチる人。自分自身も疲れるし、周囲をも疲れさせてしまいます。

「忙しいのは誰だって同じだ！」こんな文句の一つも言いたくなりませんか？

いつもこんなグチばかり口にしている人は、間違いなく煙たがられています。


仕事が忙しいということは、お店や会社の業績が伸びているときですから、喜ばないといけません！「仕事がたくさんある＝成長のチャンス・給料アップのチャンス」。

その忙しさをモチベーションアップのエネルギーにして、自らを向上させ発展させるきっかけにしてください。さらに上のステージを目指して意欲を高めれば、「楽しい」気持ちの方が強くなります。

☆仕事量とあなたの成長は比例する。

76 失敗を恐れて避けようとする人

新しい仕事を任されたとき。初めてプロジェクトに参加したとき。

「失敗してしまったら、『できないやつ』扱いされて、評価が下がってしまう……」

と不安になり、自分から進んで任務に名乗りをあげたり、意見を言ったりすることを避けようとする人がいます。気持ちは分かりますが、すごく損しています。

「失敗したくない！」と思い過ぎると、人はそこで進行停止してしまいます。


成長は失敗の数に比例しています。失敗を認識して素早く対処し、同じ失敗を二度としないようになれた人は間違いなく成長していますし、失敗を恐れてためらったり、失敗でくよくよしたりしません。失敗で得られた経験を大切にすることで、次の失敗を回避しています。

失敗しても、最終的に成功すればよいのです。

☆人は失敗の数と努力で成長する。

77 新しいことに挑戦するのが面倒な人

「ああ、今日も一日、何事もなく終われた」と、変化のない日々に安堵している人がいます。こんな人は、新しい業務や課題をとても嫌がります。もとより自分から何か新しいことに挑戦しようなどと思いません。仕事が増えて面倒だからです。こんな人は損をします。同じ毎日を繰り返すとマンネリになって、脳が働こうとせず、退化してしまいます。

新しいことを始めましょう。新しい環境をつくり、新しい目標を持ちましょう。人は新しい体験や挑戦をして、自分自身を活性化させていくもの。そのなかで、新しい発見があり、新しい学びがあり、新しい気づきがあるのです。新しいことをするには意欲と努力が必要ですが、それがある人とない人では、いずれ大きな差が出ます。

人生、いくつになっても新しいことへの挑戦の繰り返しです。

☆新しいことへのチャレンジで、自分を活性化させよう。

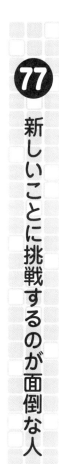

78 努力不足を才能不足だと思っている人

新入社員採用のときにいつも思うのは、学歴に頼りきっている若者が多いということ。それに甘んじて努力をしないのです。

「私には才能がないから」「そういうことができるタイプじゃないから」と言い訳する人がいますが、私（川西）に言わせれば、努力が足りないだけです。

自分の努力不足なのに、それを「生まれつき力がない」せいにしてはいけません。

「長い間努力したけれど、報われなかった」と言う人に、私は「努力が足りなかったんです」とはっきり言います。

「努力は報われる」という言葉がありますが、私は心底、その通りだと思っています。簡単に報われないからこそ、努力は素晴らしいのです。私も自分自身に「もっと努力しろ！」と言い続けています。

☆努力をすれば必ず報われる。

79 仕事が終わった後のことばかり考えている人

「仕事が終わったら飲みに行こう」「今晩はデートしよう」「ちょっと○○へ遊びに行こう」……仕事中に遊ぶことばかり考えている人。これも損している人です。

私（川西）に言わせれば、たいていの場合は集中力が欠如した状態です。集中力の欠如はミスのもと。何とかして早く帰ろう、もうこれ以上仕事を頼まれないようにしよう、ということで頭がいっぱいですから、おのずと仕事がぞんざいになります。終業間際に仕事を頼まれようものなら、あからさまに不満そうになる。

「仕事はつらい」という意識しかないから集中できず、終業後のことばかり考えるのです。どんな仕事も集中力が大切です。仕事はあなた一人でやっているのではない。お客様からいただいて、みんなで一緒に、やらせてもらっているのです。むしろ感謝すべきです。そういう意識で臨めば、集中力が乱れることもありません。

☆意識や姿勢が仕事の成果を左右する。

80 仕事に工夫がない人

同期入社のAさんとBさん、同じ部署で営業を担当しています。Aさんはとても成長が著しく、仕事も速く成績もトップ。でもBさんは目立ったミスはないものの、Aさんに差をつけられる一方。二人の差は、仕事における「工夫」にありました。

そつなくこなすのはいいのですが、惰性で仕事をしていると、次第に「考えること」をしなくなります。楽でしょうが、得か損かといえば、損でしょう。

Aさんの工夫の一例です。名刺に写真を入れ、裏面には自己紹介も書いて、人とは違った存在感を出す。訪問先の担当者や社長の趣味や好きなモノ・コトをリサーチして、ときには自分もその趣味をやってみて、いつも共通の話題をつくってから訪問する。簡単な書類作成や事務処理は、すき間時間か始業前にやってしまう。自分が忙しいときに助けてもらいやすいよう、人の仕事に進んで協力する。などです。

自分なりに工夫して仕事がうまくいくと、何倍もうれしいものです。

☆仕事は工夫するもの。

～名刺（その1）

名刺交換がきちんとできる人は仕事もできる

私の持論の一つですが……名刺交換がきちんとできる人は仕事もできます。もちろんこれがすべてではありませんが、判断材料の一つにしています。

　ビジネスパーソンの方々なら、名刺の持つ効果や名刺交換の重要性をよくよくお分かりだと思います。しかし大事だとは分かっていても、もう一歩、ちょっと惜しい！　と思ってしまう人も多いのです。私の目から見れば……。

　絶対に押さえておくべきポイントと、あわせてＮＧ行為も列挙してみます。

　まず、きれいな名刺であること。汚れがついていたり、折れていたりはＮＧ。ひどいときは、手書きで名前が書いてあることも。

　本人は気付いていないのかもしれませんが、そんな名刺を出されたらどう思います？

　名刺交換のときは、名乗りながら、相手の目を見て笑顔で渡します。ここ、大事です！

　交換のときに全く目を合わせず、無表情の人が多いのは残念です。せっかく相手に自分をよいイメージで印象付けられる絶好の機会なのに、本当に損です。

　目を合わせ、ニコッと微笑みましょう。きっと相手も自然と

笑顔になります。

このとき、いただいた相手の名刺をよく見て、お名前を復唱して確認すると、格段に丁寧な印象を与えます。無言で交換するのは、絶対にやめましょう。

名刺を受け取った後も注意が必要です！

名刺の置き方を知らない方も多いのです。相手の名刺は名刺入れの上に置きます。相手が複数のときは座っている順に並べます。言うまでもありませんが、先方の名刺は丁寧に取り扱いましょう。

以前打ち合わせの場で、相手が私の名刺を下に落として、ずっとそのままにされていたり、なんと申しましょうか……たいそう、ぞんざいな扱いをされていたことがありました。きちんとした役職にある方だったのに、目を疑ってしまいました。

そして、名刺交換後、全く興味なさそうにすぐ名刺入れに入れてしまうのも、いただけません。打ち合わせの机の上にたくさん資料があって、名刺の居場所がなくなってしまうときがありますが、そういうときは「しまわせていただきます」と一言断って名刺入れにしまっても大丈夫です。ただし名刺をしまうということは、イコール「あなたの名前を覚えましたよ」ということになりますから、ちゃんとお名前は覚えるようご注意を。

名刺入れを持たず、定期入れやお財布の中から名刺を出すなんて、論外です！

名刺入れは必ず持参してください。名刺を切らすのも論外。もし名刺を切らしていたり不携帯なら、「あいにく持ち合わせがございません、不作法で申し訳ございません」と必ずお断りの言葉を添えます。その後、名刺を頂いた方へ、お詫びを兼ねたご連絡メールなどをお忘れなく。

仕事が始まる前に、「この人、仕事できないんじゃないの？」なんて思われたら大損ですから。

（小倉やよい）

～名刺（その2）

残念な名刺交換の末の残念な結末

前のコラムでは、いただいた名刺は丁寧に扱いましょうというお話がありました。

実際に私が体験した、残念な例をご紹介しましょう。

とある上場企業にお邪魔したときのことです。

この会社は、創業者である社長が一代で築き上げられました。社長はそろそろ会長になられ、後を息子の専務に引き継ぐことが決まっていました。

その次期社長となるご子息をご紹介していただくということで、会社にうかがったのです。

すごい……なんて立派なの！　高級な家具が並んでいて……。さすが、有名企業の社長室です。

そこでしばらく待っていると、お父様の現社長がニコニコして現れ、私を歓迎してくださいました。

続いて、次期社長のご子息がお見えになりました。さっそく名刺交換です。

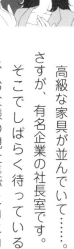

しかし、

「う～ん？　なんか……？　嫌な予感……」

なぜならば……目を合わせようとしない。それ以前にまず私の顔を全然見ない！　そして声が小さい、片手で名刺を横柄に渡す……。

　おやおや。大丈夫なのでしょうか、この次期社長。

　最初の名刺交換で、だいたいその人の実力が判ると言っても過言ではありませんから。

　そして、着席をうながされたので、座りました。ああ、やはり私の嫌な予感は的中。

　なんと、私の名刺をメモ代わりにいるのです。ちょっとそれ、私の名刺なんですけど!!

……！　話の最中になにやら書き込んで

あげくの果てには、その名刺で机のゴミをかき集めていました。あきれて開いた口がふさがりませんでした。

　私は、この会社の行く末を案じました。社長、本当の本当に大丈夫ですか？

　後日談ですが、私の悪い予感は的中してしまうのです。その会社は、社長が会長に退かれてご子息が社長に就任するのですが、業績悪化でその社長は関係会社へ出向となってしまいました。

　推して知るべしとは、このことです。一事が万事！


（小倉やよい）

81 会議で意見を言わない人

会議で発言するのが嫌で、その場にいないかのようにしている人がいます。「何かほかに案や意見はないでしょうか」と進行役が促しても、早く時間よ過ぎ去れとばかりに下を向いているだけ。確かに発言しなければ、否定されることもありません。しかし、発言するのが目立って恥ずかしいとか、自分の意見なんて……と思っていると損です。上司にも仕事に対する姿勢に問題ありととらえられてしまいます。

会議とは、人の意見を聞く場所ではなく、自分の意見を聞いてもらえるチャンスの場所。しっかり準備をして積極的に発言することが大切です。意見がズレていたり、よい案ではなくて却下されることもあるけど、毎回一生懸命発言するAさんと、一言も発しないBさんとでは、間違いなくAさんのほうが印象がいいし、この先伸びるでしょう。発言することは、仕事に意欲的であり、会社のことを考えているという証しです。

☆あなたの発言で生きた会議になる。

82 職場のムードを大事にしない人

大きなプロジェクトを一致団結してやり遂げなければならないとき、社内でのイベントがあるとき。そんなとき、やる気のなさそうな態度で職場の盛り上がった雰囲気に水を差す人は、職場のみんなから疎まれてしまいます。たとえ仕事とは関係のない行事であったとしても――忘年会やボーリング大会や社員旅行、大掃除など、いろいろありますね――自分の都合を優先して周りに迷惑をかけたり、「私はこんなことやりたくない」というオーラを漂わせている人、いるんじゃないでしょうか。面倒な後片付けになると姿を消して、終わった頃に車の陰からこそこそ帰って来るなんてひどい人もいます。

どんな職場にも共通していえるのは、チームワークが大切だということです。たとえ仕事でも遊びでも、職場のみんなと常に同じ意識を持って、周りを見ながら行動しましょう。いくら立派な志があってもワンマンプレーでは実現しません。

☆チームワークを大切にしない人は組織人ではない。

83 真のサービスを心得ていない人

それが会社の決まりだから、とマニュアルをなぞった対応しかしない人がいます。ニーズを無視したうわべだけのサービスはすぐお客様に伝わってしまいます。

私（川西）もよく経験します。飲食店、販売店、旅館やホテルで。「心のサービス」「お客様第一のサービスを！」などと高らかにうたっているものだから、楽しみに行くと、マニュアルの棒読みで笑顔すらない接客。「○○してもらえますか？」と、ちょっとした頼みごとをしても、「規則なのでできません」と一言でシャットアウトする。

サービスは、人の心に届ける技術。人の心を動かすもの。営業でも接客でも、どんな職種でも同じです。

真のサービスとは、心に響く心配りなのです。本当に喜んでもらいたい気持ちがあれば、お客様が何を求めているかが分かるものです。

☆人の心に喜びを届けるのが真のサービス。

84 スピード感のない人

仕事ではスピードが大事です。納品、クレーム対応、トラブル解決、営業の新規開拓などなど……。遅い人や遅い会社に仕事を頼みたくはありません。また、遅い人はたいてい動作自体もダラダラと遅いのです。

トラブルが生じたら、その場ですぐに対処しないとますます大きな問題になってしまうし、一歩出遅れたために大きな仕事を失うことにもなります。

どんな仕事でも「何を、いつまで、どのように」を頭においてスピーディーに動きましょう。そうすればライバルにも差をつけることができます。

俊敏な計画、素早い決断、サッサと機敏な動き、早急なフォロー。

今やるべきことは、今やる。営業では、ニーズをライバルより一歩先につかんで先手必勝。

☆スピード重視であなたの付加価値はさらにアップする。

85 アポイントの取り方で損する人

「○○保険の△△ですが、当社の新商品を紹介させていただこうと思いまして。早速ですが～」

こんな電話をかけてくる営業マンは、間違いなく仕事ができません。相手の都合を無視した強引なセールス。セールスにも順序があります。こんな人が商品を売ることなどできません。

私（川西）はセールス電話はほとんどすぐに切ります。売り込み優先で、アポイントの取り方が間違っていると思うからです。

優秀な営業マンをよく観察してみてください。ちゃんと相手の時間を考えて、二週間前、三週間前からアポイントを調整しています。それに、話の切り出し方や言葉選び、話題のセンスなど、相手に好かれるための工夫をしています。

まず自分に信用と興味を持ってもらうことがアポイント獲得の第一歩。その姿勢と方法があれば、アポイントの取り方も電話の仕方も違ってくるでしょう。

☆アポイントには工夫と知恵が必要。

～営業で損しないために（その１）

「三分だけでいいから、私の話を聞いてください」

私は社会人になったときから、営業一筋でやってきました。毎日毎日、商品を買ってもらうことを目的に電話をしたり訪問したりしてアポイントをとり、商談を重ねて……という営業を必死でやっていました。

しかしあるとき、ようやく気付いたのです。

このやり方を続けていると、自分の中に喜びや、やりがいが生まれるどころか、疲れだけが残っていく、と。

いろいろ考えた末にたどり着いた答えは、

「自分から一方的にお願いするばかりの営業をしているからそう感じるのだ」

というものでした。

相手がわざわざ貴重な時間を割いて私と会うことに何か意味はあるのか？

メリットはあるのか？

相手の店や会社がよりよくなるのか？

そういった相手の立場や思いをずっと無視して営業活動を続けていたのです。

相手の時間をもらって営業させていただいている、ということを念頭に置けば、それまでの私のようなアポイントのとり方

3分だけでいいから私の話を聞いてください
いいよ…

には決してなりません。

アポイントをとるときは、注意しなければならないことがたくさんあります。

相手はたいてい忙しい人ばかりですから、日程はできるだけ先のほうに設定します。相手の肩書きが上になればなるほど先の日程にしましょう。

私の考える目安は、一般の社員の方なら一週間後。役員の方なら十五日後。代表者なら二十日後です。訪問時間はもちろん相手に合わせます。

そして次が大事です。時間は三分だけ！　一つのことだけにし

～営業で損しないために（その１）

「三分だけでいいから、私の話を聞いてください」

ぼって話すのです。すると相手は、

「たった三分のためにこの人は二十日も前からアポイントを調整するのか。だったら少しくらいは話を聞いてみようかな」

と思ってもらえることが多いのです。三分なら朝のちょっとした合間で対応してもらえます。そこからネタも二つ、三つ、そして五つと発展することがあります。

　まず「会ってもらう」ことが大事なのです。「三分程度なら明日かあさってでもいいですよ」となる場合もあります。

　こうして一度目の訪問が実現したら、一週間後、一ヵ月後と、また同じことをします。「熱心な人だなあ」と思ってもらえたらしめたもの。私も熱心な人は大好きです。

「三分だけでいいから、私の話を聞いてください」

　このアポとり、ぜひ実践してみてください。

（川西　修）

86 お客様を研究しない人

新規開拓先の見込み客でも、日頃からお付き合いのある取引先でも、その会社や担当者について興味を持とうとしない人は、知らず知らずのうちにチャンスを見過ごしてしまうことになり、損します。サービスは一枚岩ではありません。お客様の数だけサービスのやり方があるのですから、お客様のことを知らないと、私（川西）が常々言っている「心に届くサービス」などできるはずもありません。

会社なら年間スケジュールを知り、創業記念日、賞与の日、運動会なども調べておきます。個人なら、誕生日は当たり前、結婚記念日、本人やその配偶者の趣味、子どもの学校などなど。営業トークの切り口になるだけでなく、自社商品・サービスへの関連付けができるケースも多いです。

ニーズはどこに潜んでいるか分かりません。いつもリサーチに励みましょう。

☆いろんなアンテナを常に張りめぐらせよう。

87 「無理です」「できません」で終わってしまう人

何かを頼まれて、「無理です」「できません」と言って終わってしまう人がいます。「弊社では扱っておりませんので」「上から許可が下りませんから」「ちょっと忙しくてね～」などと、自社の都合や自分の都合を言い訳にする人さえいます。

相手は、「無理なのは承知だがそこを何とかしてほしい」という思いで頼んでいるのです。相手には、あなたの会社やあなた個人の都合など関係ありません。

できないのにできると言うのはダメですが、「できない」だけで終わってしまっては損です。

たとえ不可能でも、「無理です」「できません」では誠意がありません。「その件は難しいと思いますが、これならどうでしょう」と、別の案を提示すればどうでしょう。それだけでも大きな進展になり、人間関係も大きく変わってくるはず。否定を肯定に変える会話で真のコミュニケーションを図りましょう。

☆「分かりません」「できません」は禁句。

88 部下への指示がヘタな人

上司やリーダーとして部下に指示を出すことは当然ですが、部下を思うように動かせない、やる気を引き出せない、人がいます。

計画性のない乱暴な指示や命令は部下の反感を呼び、人間関係を悪化させます。まして、感情的に怒鳴っても、売り上げは上がるどころか、職場の士気も下がります。

上司の役割は、部下の価値を高めること。

「君のおかげで仕事がうまくいった」「あなたが一緒だと仕事がやりやすい」といったような、価値を認める言葉をかけると、部下はやる気がわいてきます。

成果が出せず悩んでいる社員には、一緒になって原因を探り、具体的なアドバイスをすることで効果を期待できます。教え過ぎず、命令し過ぎず、部下が裁量を発揮できる余地を残して指示するのが、上司としての腕の見せどころでしょう。

☆部下の価値を高めるのが上司。

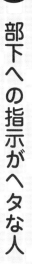

89 相手の肩書きで態度が変わる人

相手の肩書きが自分より上だと平身低頭、ぺこぺこするくせに、下だと横柄な態度に出る人がよくいますが、こんな人は損をします。

きっと周囲の人たちも「あの人、またやってるよ」と冷たい目で見ていることでしょう。「相手によってコロコロと態度を変える人」というレッテルを貼られて、信用してもらえなくなります。

肩書きが何だというのでしょう。役職が上であろうが下であろうが、話すとき、接する時は人対人。まっすぐに人として接したいものです。

優れた成功者や実力者は、誰に対しても毅然とした態度を取るものです。上にこびへつらうことなく自分の正しいと思う意見を述べるし、どんなに職位が下の相手であっても敬意を持って接します。

☆相手によって態度を変えない。

90 肩書きを実力だと勘違いしている人

「課長になった」「部長になった」「自分はここで一番偉い」……それがイコール自分の実力だと信じて、部下や周りの人たちにえらそうな態度を取る人は損をします。ついつい、他人に上から目線でものを言ってしまう人、いませんか？

肩書きなんて、あくまでも便宜上のもの。社内でしか通用しないものです。そこを離れると肩書きはなくなります。いずれ必ずなくなるものに依存していても先はありません。本当の実力は肩書きとは関係なく発揮できるものです。今や社会は実力主義。肩書きより実力をつけましょう。実力はなくなりません。肩書きに頼らない、誰もが認める実力を持ち、実力で戦える人になってください。

☆肩書きは実力の証明にならない。肩書きより実力をつけよう。

91 クレーム処理の仕事を嫌がる人

クレーム処理は確かに気が重いもの。しかし嫌々していたら、もっと大きなトラブルに見舞われます。一番ダメなパターンが、「では担当の者に代わります」といって電話を回してしまうこと。その先でもまた別の人に回す。お客様はただでさえ不満を訴えるために電話をしているのに、「一体何回同じ説明をさせるんだ！」とよけい腹が立つわけです。

クレーム処理では、電話をたらい回しにしないこと。まず電話に出た社員がきちんと話を聞き、「申し訳ございませんでした。私、○○と申しますが、詳しい者からすぐに折り返しお電話させていただきます」と、誠実に応対します。自分のせいじゃないからと、謝罪すら述べずに電話を回そうとするのは言語道断。また、相手の話に対して口を差し挟まないこと。誠意を持って最後まで聞きます。

クレーム処理一つで会社の信用度が大きく変わります。その自覚を持って真剣に誠実にクレーム対応できる人は、いずれ会社を背負って立てるでしょう。

☆クレームは宝物。

92 変化に気が付くのが遅い人

周囲にアンテナ、張っていますか？

自分を取り巻く環境、社会は、日々刻々と変化しています。あなたはそれをすぐに察知し、自分を変化させていますか？

変化がないと新しいものは生まれません。そして、変化に挑戦してこそ成長できます。変化に気付かないような鈍感で怠慢な人は、ずっと独りよがりのままです。


変化に気付くには、広い視野を持たねばなりません。私（川西）は、視野を広くするために大事なのは「三つの目」だと思っています。


「鳥の目」。高い所から俯瞰《ふかん》し、先を見る目線です。

「虫の目」。地に足をつけ、低い位置からも見る、現場の目線です。

「魚の目」。水流を読んで泳ぐための目。時代の流れを見る目線です。

三つの目を使っていろんな角度から物事を見られる人になりましょう。

☆三つの目で視野を広げ、変化を察知しよう。

93 営業で自分を売り込まない人

売り上げアップ、数字アップに躍起になって、ただ商品だけを売り込もうとする人がいます。こんな人は、頑張っているわりに結果を出せず、損をしています。

私（川西）も新人の頃に経験があります。いきなり取引条件を並べ、ただ商品説明をするだけでした。最初に商品から説明すると、お客様は警戒して話が先に進みません。成績の上がらない苦しい時期を経て、ようやく「営業は自分を売ってこそ商売につながる」ことに気付きました。まず自分を知ってもらい、信頼関係を築くというわけです。

私の場合、地域の草刈りに参加して地域情報を集めたり、各家庭を訪問して力仕事や雑用を手伝ったりしました。商品は二の次で、自分を売り込むためです。そうしているとだんだんお客様が増え、私を指名して注文が入るようになりました。

自分という人間を相手にしっかり見ていただく。その精神が相手に感銘を与え、「どうせならあいつに」、ということになるのです。

☆商品ではなくまず自分を売り込もう。

94 お客様の小さな約束をおろそかにする人

「○○が分かったらお伝えします」などといった、お客様との、ほんの小さな約束。

小さな約束だからといっていい加減な対応をしたり、忘れてしまったり、あげくは無視してしまう人がいます。その約束がお客様にとっては非常に大事なものだったら、とは考えられないのでしょうか

たとえそのときはトラブルにならなかったとしても、遠からず損をします。

信頼は小さな実績の積み重ねです。

約束に大小はありませんし、大きかろうと小さかろうと約束は約束、守らなければなりません。たった一枚の資料をわざわざ届けたり、「いつでもいいですよ」と言われていた商品をすぐさま送ったりといった気づかいは、思わぬ感謝を生みます。

ほんの小さな約束を守ることであなたの人間性はぐんとアップし、仕事でのよい評価につながるでしょう。

☆小さな約束も大事にすることが、大きな信頼を勝ち取る近道。

95 できない理由を語る人

「いや、ちょっとバタバタしておりまして……」

「担当の者が出張のため、対応できませんで……」

もっともらしい理由をいくら語っても、結局はできなかった言い訳に過ぎません。

言い訳ほどみっともないものはありません。聞くほうも嫌な気持ちにしかなりません。

それよりもどうすればできるかと考えることの方が大切です。


積極的に仕事に取り組む人は結果を出すのみ、との気持ちしかありません。まず謝って理由を謙虚に伝え、原因を探り、「このようにして、いついつまでに対処します」と解決策や改善案を提示します。それができない人はただ言い訳に終始して無駄に時間を過ごすばかりか、相手の時間まで奪うのです。

言い訳でなく、冷静に経過を分析して、ときには協力者の意見を求めることも必要でしょう。

☆言い訳は人をダメにする。

96 報告・連絡・相談の欠如した人

ビジネスで一番大事にしなければならない「報告・連絡・相談」。新人研修でも必ず習いますよね？　だから誰もが大事だと分かっているはずです。

ある部署で、一人の社員が休暇を取っていたため、お客様からの問い合わせ内容が分からず困っていました。幸い私（川西）がいたので、私の指示でその件は解決することができました。しかし問題は、部内での「報告・連絡・相談」が全くできていなかったこと。部下がそれをおろそかにしていれば、上司が指摘しなければなりません。

「報告・連絡・相談」を怠ると会社は混乱に陥り、場合によっては仕事が停止したり、取り返しのつかないトラブルの原因になったりします。仕事がはかどっている部署とそうでない部署を比較すると、後者は必ずといっていいほど「報告・連絡・相談」がいい加減なのです。「報告・連絡・相談」は社員にとって義務。義務は誠実に守るよう、そして守らせるよう努めてください。

☆「ホウ・レン・ソウ」は基本中の基本。

97 ささいなことをいい加減にする人

前述の「報告、連絡、相談」もそうですが、「ささいなこと」だと思ったことをいい加減にしてしまう習慣がつくと、大きなことに対してもその癖が出て、思わぬミスを犯して損をします。大きなミスは、ほんの小さな不注意から生まれるのです。

一日一日の積み重ねが大きな成果を生むように、何事もささいなことの積み重ねが大事です。チリも積もれば山となる。能力も、経験も、信頼も積み重ねです。

私（川西）がよく言う言葉の一つに、「毎日五訓」があります。「毎日が勉強」「毎日が気づき」「毎日が挑戦」「毎日が成長」「毎日が感謝」積み重ねが将来の自分をつくります。

小さな報告やちょっとした連絡。ミスのないようにするには、日頃からどんなことでもいい加減にしない生活態度が大切です。

☆「毎日五訓」で小さなことを積み重ねよう。

98 仕事の情報収集をしない人

仕事人たるもの、常に情報に敏感でないと損をします。営業やセールスなら、見込み客のニーズをつかんだり、取引先から喜ばれたりしてライバルに勝つのは、情報収集力のある営業マンです。お客様のニーズをつかめない営業マンなど、いる意味がありません。

お客様との会話から情報を読み取る力、現場を見聞きして情報を察知する力、街を歩きながらキャッチした内容からトレンドを分析する力、新聞やテレビなどから時代の流れを読む力。

このような〝情報力〟を磨くには、強い好奇心や新しいことに興味を持つ意識が必要です。情報を得る努力をしないで成果を出そうなんて、ムシがよすぎます。真面目に働く「だけ」ではダメなのです。

常に情報力を磨いて仕事に挑む。それがあなたを飛躍させるチャンスをつくります。

☆お客様のニーズをつかむため、情報に敏感になろう。

99 〝ドロボー営業〟をしてしまう人

「ぜひ弊社の商品を……」「今すぐご契約いただければ云々……」

成績を上げたいがために、こんな一方的な営業をしていませんか？ 自分の都合しか考えず、相手の時間を奪って、要求を通そうとする。ドロボーと同じです。これでうまくいくときもあるかもしれませんが、結果的には成績が上がるどころか、損をする場合が多いのです。

営業には〝ドロボー営業〟と〝サンタ営業〟があります。ドロボー営業とは、商品を買ってくれ、契約をしてくれなど、自分の一方的な要求が強い営業のこと。サンタ営業とは、相手が喜ぶことを運んで来る営業です。まず相手が喜ぶ、得をする情報を持って行き、相手があなたと出会ったおかげで何らかのメリットが得られた、と思わせる行動がポイント。

☆〝サンタ営業〟で差をつけよう。

100 フォロー営業ができない人

取引や契約が成立するまで、あの手この手で熱心にアプローチするのに、それ以降は知らんぷり、という営業マンを大勢見てきました。確かに、一度取引が成立したり契約が交わされたりすると、毎日、毎月のように用事があるわけではない職種もあります。例えばマイホームやマイカーを購入した、保険に加入した、といった場合ですね。

しかしその後、全くフォローがないというのはいただけません。

営業は、成約後や商品購入後のフォローこそが大事なのです。

季節の挨拶一言でもいい。フォロー営業のできる人は多くのお客様に好かれ、かわいがられ、結果として成長スピードも速いのです。

☆アフターフォローをおろそかにしない人が、トップ営業マンになれる。

商品を売った後や契約が済んだ後はパッタリと来なくなってしまうような営業はいただけない、フォロー営業が大事ですよという話をしました。

三十六回目の正直・熱血証券レディに学ぶ

～営業で損しないために（その2）

非常に素晴らしい営業担当者がいました。ある証券会社の女性営業マンです。

私は証券会社に用などありませんでしたから、そんな営業は反射的に断っていました。当然会いもしません。

しかし彼女は来る日も来る日も、夏の暑い日も酷寒の日も、どしゃ降りの雨でも台風の日でも、わが社を訪れ、私に会えないと受付に名刺を置いていくのでした。

ある日のこと。私はたまたま会社におり、たまたま時間がありました。

いつもの女性営業担当がまた来ていると聞き、初めて入ってもらうことにしたんです。その時点で、「一体何十回来ているんだろう?」というくらいの訪問回数になっていましたので、さすがに一度くらいは会ってみようかなと思ったわけです。

私に会って彼女はこう言いました。

「三十六回目でやっと会長にお

会いすることができました！　うれしいです！」

　彼女が受付に預けた名刺は実に三十五枚。二年くらいでしょうか？　もしかすると足掛け三年くらいはかかったかもしれません。

　商品をアピールするための営業トークなどは一切してこず、ただ「会えただけでうれしいです。私の目標は達成できました」と、私と話せたことのうれしさを語るのでした。

　その熱心さ、ひたむきさ。実直な人柄。私はすっかり彼女を気に入ってしまい、いろんな話が広がりました。彼女の仕事ぶりなども

～営業で損しないために（その2）

三十六回目の正直・熱血証券レディに学ぶ

いろいろと聞きました。結果的には彼女を通して取引も成立しました。

そしてフォロー営業を絶対におろそかにしないのです。ことあるごとに顔を出し、細やかな気配りを見せます。

感激したのが、私の誕生日。隣県の彼女の自宅近辺でわざわざ「おくさま印」のお米を売っているところを探し、そこで買ったお米でおにぎり弁当をつくって持って来てくれたのです。

その日は日曜日だったにもかかわらず。なかなかできませんよそこまでは。それに心づかいが女性ならでは。まれにみる人だなあと感心しました。

その証券会社は大手で何万人も社員がいますが、彼女はいつも全国で三十位以内の営業成績を収めています。こういう人はどんな業種でも優れた営業マンになります。

あれ以来、彼女とわが社の取引は八年目を数え、今も太いパイプでつながっています。

（川西　修）

会社紹介

幸南食糧株式会社
株式会社ワイズクリエイト

あいさつ・きれい・元気で「小さな一流企業」

幸南食糧株式会社

川西修会長が一九七六年に創業した幸南食糧は、大阪・松原市にある「おくさま印」ブランドの米穀卸メーカー。社員全員が経営意識を持つ「全員参加経営」を掲げ、魅力的な「小さな一流企業」を目指している。

■〝気づき〟が成長の礎

川西会長は一代でグループ年商二百五十億円の企業を築いたが、道のりは平たんではなかった。

故郷・香川を離れ、大阪で米穀会社に就職。二十八歳で一念発起し、大阪・松原市に開設した米屋はわずか七坪の小さな店舗だった。

当時同市の人口は十三万八千人。市域には四十三軒の

大阪・松原市にある本社。
グループ年商250億円の堂々たる「小さな一流企業」だ。

米屋があった。意気揚々と商売を始めたが、お客様から「祖父母の代から今のお店との付き合いがあるし、おたくからは買えない」といわれ、まったく売れない日々が続いた。

それでもめげずに地域を回り続けていると、十軒訪問して八軒が留守であることに気付いた。女性の社会進出が盛んになり、奥さん方は昼間、不在。帰宅して米びつを見たら米がない。他の米屋はすでに店を閉めているが、幸南食糧だけは朝六時から深夜十二時まで店を開けていた。それで得意先が一軒、二軒と増えはじめ、ついに地域ナンバーワンの米屋になった。

もう一つの転機は、近くに大手スーパーが開店したこと。ここが米を売り始めたら、幸南食糧はひとたまりもない。そこで川西会長は国から許可を得る努力をしてメーカーになった。今では、製造から流通までの総合的な商売ができている。

■「人」で選ばれる時代

経営方針でもある「小さな一流企業」とは商品力、技術力、企画力は当然だが、その上で「人が輝く」企業であることが求められる。

企業は「商品で選ばれる時代」から「人で選ばれる時代」になった。人で選ばれるには、まず「あいさつが一流」の社員の集団であること。同社の社員は全員、相手の目を見ながら握手をして「お早うございます」「お先に失礼します」とあいさつする。これを「元気体温計あいさつ」と名づけ、三十年の歴史がある。

この運動は、川西修会長の苦い思い出をきっかけに始まった。創業時の同社は職場が暗く、笑顔もない。辞める社員が相次いだ。顧客からは「お前とこの従業員はあいさつもろくにできない。出入りするな」との叱責もしばしば。

良い商品をお届けしてもお客さまに喜んでもらえない。川西会長は「商品のクレームではなく、人のクレームの時代がきた」と気づき、「性別、年齢、役職を越えて、社内あいさつの一流集団を作ろう」と決意したという。社内に浸透させるのに十年かかったが、それが会社の大きな価値になり、成長の源泉となった。

■声は業績に比例する

川西会長は「声は業績に比例する」ともいう。小さい声、暗い声を出している企業は、業績も伸びていない。新入

握手と元気なあいさつは成長の原動力の一つ。
右端は川西孝彦社長。

社員が、大きな声で「お早うございます」といっても、先輩たちが弱々しく「お早う」と返したら、間違いなくその新人は、一カ月後には小さな声で「お早う」という。人間は、頂いた活力しか返せない。大きな声、明るい声で「元気が一流」を目指している。

「きれいが一流」も川西会長の経営哲学のひとつ。一人一日必ず二つのゴミを拾ってビニール袋に入れる「一・一・二運動」を展開中だ。社員が百人なら一日二百個、一か月で六千個、一年で七万二千個になる。「一日二つ」には意味がある。十個などにすると無理が生じ、長く続かないからだ。また、ビニール袋という具体的なもの、仕組みづくりがあってこそ実現可能となる。

モノがあふれる市場で、消費者はわざわざ幸南食糧の商品を買う必要はない。商品で差別化できないなら、人で差別化していかざるを得ない。だから同社は「小さな一流企業」の仕組みをつくった。「あの会社に行くと元気をもらえる、明るくなる。だから商品を買おう、取引しよう」となるように。

■ライバルは「お客さまの変化」と「時代の変化」

飽食の時代。「お腹が大きくなればよい」から「おいしいものを食べたい」時代に変わり、次は「安全・安心なものを食べたい」、その次には「健康になれるものを食べたい」となる。

ライバルは「同業他社ではなく、お客さまの変化であり時代環境の変化である」。

こうした中、米を使ったギフト、ノベルティー（宣伝用の無料配布品）を開発、「米匠庵《まいしょうあん》」というブランドも築き、同分野で日本一になった。消費が減ったから無理、とあきらめるのではなく、無理の中でどうするのかを常に考える。その結果、米の消費量がこれだけ落ち込む中で、全体の売り上げを伸ばしている稀有な米穀卸メーカーである。

消費者がより一層健康になる米の研究開発にも余念がない。

また、TPP問題へも真摯に対応し、国際市場への参画について地道な研究を続けてきた。同じ面積で今までのおいしい米が五割増しで収穫できる「多収穫米」を農家、県と共同で研究しているが米価が下がれば、海外米との競合に勝てるし、輸出もできる。二〇一三年には香港に現地法人を設立し、ブランド米の新たな流通チャネルを開拓している。

一四年秋、幸南食糧は大阪府経営合理化協会の表彰制度「経営合理化大賞」でグランプリの大賞に輝いた。「人重視の経営」「新しいビジネスモデルの構築」そして「良好な企業実績」という様々な経営革新努力が評価された結果である。まさに「小さな一流企業」にふさわしい栄誉といえよう。

創業から四十年続く「総合食文化企業」の幸南食糧。「おくさま印」ブランドのお米を販売してきた同社の二〇一五年は、大きな飛躍の年になりそうだ。日本中、そして世界中の人へ「心にひびくおいしいお米」を届けようと、「挑戦（CHALLENGE）」をキーワードに攻勢に打って出るからだ。

その象徴が昨年十一月、日本一高いビル「あべのハルカス」にオフィスを開設したこと。提案力を兼ね備えたバイタリティーある人材が、お米を使った企画戦略プロモーションを始めている。また、お寿司に最適な米「日本晴」の主産地・福井県「JA越前たけふ」をはじめ、農業の国家戦略特区となった兵庫県養父市などと連携し、産地ブランディングや地域活性化などにも乗り出した。

大阪府松原市の小さな一流企業が、世界の一流企業になる日は遠くない。

会社概要

会社名	幸南食糧株式会社
住　所	大阪府松原市三宅西5－751
電話番号	072－332－2041
FAX	072－336－4158
URL	http://www.kohnan.co.jp/
創　業	1976年12月
資本金	7000万
事業内容	6次産業化のプロモーション、米穀の加工・卸メーカー、農産物・食品類の企画・開発・販売

ひと手間より、三手間かける会社…ブレない思いが人を育てる

株式会社
ワイズクリエイト

小さな会社だから、ひと手間かけるだけでは追いつかない。三手間かけて、初めて同じ土俵に乗る。「『優れた人財』があれば、どんな大きな会社にも負けない自信がある」と小倉やよい社長の視点は常にブレない。「誇れるのは、今まで離職率が限りなく〇％に近い。そして営業をしないでも、お仕事をさせていただいていること」と胸を張る。

創業は一九九二年。「六歳・三歳の息子を抱えて離婚。何不自由なく育ててきた息子たちを女手一つで育てるには、マイクを持つ仕事をすることしか思いつかなかった」と当時を振り返る。

まず始めたのはアナウンス学校の講師。そして、結婚式の司会。三百六十五日休む間もなく働き続けた。そんな中、仕事で知り合った若手政治家の方からのアドバイスで「会社を創る」ことを決意。社名は「やよいの事業を創り上げる」という意味から「Y´s CREATE」とした。

■最初の講演で万雷の拍手

大きなステップを踏み出すきっかけは、ある方の講演に招待されたときのこと。演題は「抜

群のコミュニケーションの取り方」。周りを見渡すと、半分以上が居眠り。全く講師と聴講する人とのコミュニケーションが取れていない現実をまざまざと見た。そのシーンを目の当たりにした小倉社長は、「『勉強になりました』『面白いお話で時間がすぐに立ちました』」と聴講者に言っていただける講演をしたい！」との思いが募る。

「人に感動を与えられる講演・言葉が心に入る講演・素晴らしかった・勉強になりました！」と言ってもらえる講演をするには、どうすればいいのか。手始めに、と大阪市生涯学習センターに講師登録。謝礼程度の講演料で講演を始めた。

講演のタイトルは、あえて同じ「抜群のコミュニケーションの取り方」。間の取り方や第一印象のつくり方などを話し、講義が終わると万雷の拍手が。

「いや〜、分かりやすかったわ」「なんか、当たり前やねんけど、それができてないのに気が付いた」「先生、次いつお話に来てくれるの？」。最初の講演で「小倉やよい」の礎がつくられた。

その後、講師依頼が相次ぎ、「第一印象を素晴らしく素敵に魅せるには」「お客さまとの最高のコミュニケーションの取り方」「出会ってよかったと思っていただくには……」などのテーマで講演。

そんな中、噂を聞きつけて大手企業から講演依頼が舞い込む。しかし「法人でなければ取引

聴講者を魅了する講演。
オファーはひっきりなしに舞い込んでいる

できません」と言われたことがきっかけで、「有限会社ワイズクリエイト」として法人化した。「なるほど、社会の仕組みはそんなものなんだと、いうことを学びました」と述懐する小倉社長。座右の銘は「実るほど頭を垂れる稲穂かな」。「常に、感謝。一人では、何もできません」との思いが込められている。

■何事も真剣勝負

結婚式の司会や講演の依頼が増え、必然的に取引先が増え、社員も増え始め、次のステップとして「株式会社ワイズクリエイト」に改組した九〇年代後半、大阪に今までにない日本初のラグジュアリーホテルが誕生した。携わるうちに、さまざまな画期的なサービスやCS、おもてなしを体感し、実行し、貴重な経験をたくさん積んだ。今の小倉やよいの「サービス精神」「おもてなし度百五十%」は、そこで身に付いたと言っても過言ではないだろう。

そして子育ても真剣勝負。お陰様で「ワーキングマザーの子育て論」「シングルマザーの子供との接し方」などのタイトルでの講演もあちらこちらから舞い込んできた。また、マルチな才能を発揮し、〈人の魅せ方〉に特化したパーソナルコーディナーターとして、テレビや記者会見に出る人たちの服装選びや、選挙に立候補する人たちの演説の仕方、写真の撮られ方などのアドバイスやら、コーディネーターの仕事もこなした。

■心理カウンセラーとして

そんな中、大切なお取引先の大企業の社長夫人から一本の電話が。「主人が今朝突然、電車に乗れなくなった。人と会うことが怖いと言いだし、小倉さんにとにかく連絡してくれと言ってます」「すぐにうかがいます！」

自宅にうかがうと、社長の憔悴しきった顔が……。なすすべが何もないままその場を離れ、帰り道、心理カウンセラーの手法を身に付けようと思い立ち、その場で心理カウンセリングの手法を教えてくれる会社におもむき、二週間みっちりカウンセリングを勉強した。

アナウンサーという仕事柄、表現する言葉は沢山持ちあわせていた。心理カウンセリングの手法を身に付け、いざ社長宅に行き「社長、もう大丈夫です！　私が、きっちり社会復帰できるようにしますから。お任せ下さい」と。その一カ月後、見事に社長は社会復帰され、今では上場企業の会長に納まっている。

当時、リハビリのために行ったのは、「お気に入りのホテルに天ぷらを食べにいくこと」だった。彼にとっては大変なことだったが、ホテルに行き、大好きな天ぷらをカウンターで食べられたことで自信をつけた。今でも、会長との食事は、必ずその天ぷら屋。まさしく「思い出ごはん」となった。

それを機に、小倉社長は心理カウンセラーとして、鬱・パニック障害・登校拒否などの方々を救済。「近い将来『やよい庵』を創り、傷んだ人たちを救う場所にしようと思っています」と話す。

■「小倉やよい」にしかできないことを

創業から二十三年。走り続けてきた。同様の事業を手がける人も多いが「小倉やよいにしかできないこともたくさんある」と意に介さない様子。

小倉流の自分再発見や人心掌握の方法は極めて多面的だ。

●常に謙虚であれ、常に感謝をする。

●人との接し方には、しっかりと言葉を心に入れると伝わる。

●大切なのは「読心力」「傾聴力」「信頼関係」「コミュニケーション能力」。

●まず相手の事を考え、何を望んでいるかを察知し、その人の心に寄り添うと相手は大きく胸襟を開いてくれる。

●口角を上げて、とにかく最高の笑顔で人と会うと、感じが良いと思ってもらえる。

●傾聴力を磨き、傾聴三大要語「そうですね・よくわかります・なるほど」をきっちり使うと、相手は安心してた

スタッフと共に。一人ひとりが、会社の宝。

くさん話をしてくれる。
●信頼三大要語「勿論です・大丈夫・お任せ下さい」をうまく使うと、信頼関係が築けることができる。
●決して言葉を荒げずに、傾聴することの重要性を考える。
「社員・スタッフとは信頼関係が築かれており、死ぬ気で守り抜く大切な宝物。そして、出会わせていただいたすべての方々が幸せになりますように。『小倉やよいと出逢って良かった』と思っていただけるように」と語る小倉社長。新たな成長に向けてのチャレンジが始まる。

会社概要

会社名
株式会社ワイズクリエイト
住　所
大阪市中央区東心斎橋1－8－11
アルグラットザ・タワー心斎橋1002
電話番号
06－6121－2284
FAX
06－6121－2285
URL
http://www.yscreate.com
創　業
1992年4月
資本金
1500万円
事業内容
イベントプランニング、ウエディングコンサルティング、セミナーコンサルティングなどのビジネスプロデュース

おわりに

すべての方々が、ステキな人になれるように……

私は一九九二（平成四）年に会社を立ち上げました。今から二十二年前のことです。当時はまだ右も左も分からず、がむしゃらに働いていたのを懐かしく思います。

アナウンサーという仕事柄、とにかく人と話す・人にしゃべる・人に聴かせるということがキーワードだった気がします。

さまざまな素晴らしい人との出会いがありました。そこで私は、

「人に喜んでもらうためには……」「第一印象をよく見せるには……」という点に特化していったのです。同時に心理カウン

セリングの勉強もし、「人の心に言葉を入れる」ことも勉強しました。

とにかく、「人のためになること」「人が感動すること」「人が喜ぶこと」を常に念頭に置いて生きてきました。

しかしそんななか、だまされたり、裏切られたりしたこと、言葉を使う仕事ゆえに揚げ足を取られたことも、一度や二度ではありません。

そのたびに、「つらい顔を人に見せるのはやめよう」「笑顔で前を向いていればきっといいこともある」「口角を上げて！ ほら、表情筋が緩んで穏やかな顔になるでしょ」と、自分に言い聞かせておりました。

私には、師匠と呼べるような存在がいません。同じ思い、同じ考えの方に出会えることも非常にまれでした。そんななか、とある会合で出会ったのが川西会長でした。

後日、「人の教育とは」「人の使い方とは」「感じがいい人とはどんな人なのか」などなど、そんな話題で大いに意気投合して話し合うことができました。大変僭越ではありますが、「全く私と同じ考えの方に出会えた‼」と思ったのです。

そして、人と出会うたびに、「あ～っ、惜しい！　もっとこうすれば素敵になるのに」「あ～っ、あの言動、損してる！」と思うことが多々あり、そのアドバイスが一冊の本になっていれば、私たちの思いが伝わりますよね、と意見の一致を見て、この本を出版するお話がとんとん拍子に進んだのです。

ぜひご覧いただく方々のバイブルになればと思っております。当たり前のことですが、当たり前ができていない世の中、一度皆さんご自身、そして、周りを見渡してみて、少しでも「損をしている」方がいらっしゃれば、この本をお薦めいただければ幸いです。

感謝と謙虚と笑顔と、裏表なく、ブレずに今まで生きてまいりました。川西会長との出会いも、神様がくれたプレゼントだと思っています。人脈はお金では買えません。人の心もお金では買えません。これからも、感謝と謙虚さを持ち続け、「ああ、出会えてよかった、次はいつ会えますか?」と言ってもらえる人になりたいと思っています。

川西会長はじめ、今まで出会わせていただいた皆さまに、心より感謝申し上げます。

二〇一五年四月

株式会社ワイズクリエイト

代表取締役社長　小倉やよい

【著者紹介】

川西　修（かわにし・おさむ）

一九四六年香川県生まれ。一九六五年に坂出工業高校卒業。

その後野田産業株式会社、川長商会株式会社で営業職を経験する。

一九七六年、松原市にて幸南食糧株式会社を設立。

グループ会社として各社の代表取締役を務めるかたわら、学生や市民、企業を対象にした講演活動も精力的に行う。自身の体験に基づいた幅広いテーマの講演には各方面から定評がある。

松原市　代表監査委
松原商工会議所　特別顧問（前会頭）

著書　『一つ苦しんで二つ学ぶ』
『成功する道は誰にでもある』
『ちょっとの気づきで人は変われる』
『ちょっとの気づきで人は変われるⅡ』
『「気づき」は、あなたを変える力となる』
いずれもKONANコミュニティカレッジより出版

【著者紹介】

小倉やよい（おぐら・やよい）

株式会社ワイズクリエイト代表取締役社長。フリーアナウンサーとしてテレビ、ラジオ、CM出演をこなし、講演会、セミナーはじめ多様なイベント司会やイベント企画運営に携わる。またイメージ&コミュニケーションコンサルタントとしても、政財界人のコーディネートをこなし、魅力あふれる人材を多数育成している。

管理能力アップセミナー、CSセミナーなど企業研修や社会人としての魅力アップのための指導養成にあたり、心理カウンセラーとして各企業トップのカウンセリングも行う。

著書　『「感じのいい人」と呼ばれたい』（エンタイトル出版）
『こんな男性が愛される』（エンタイトル出版）
『気品ある女性のマナーブック』（リベラル社）

ビジネスで損《そん》をしない100の方法《ほうほう》

発行日　二〇一五年五月十日　初版第一刷発行

著者　川西　修
小倉やよい

発行　フジサンケイビジネスアイ
（日本工業新聞社）大阪本社
〒556-8660　大阪市浪速区湊町二丁目一番五七号
電話〇六（六六三三）一二二一

発行者　両金　史素

構成　日頭　真子

カット　中村　信子（OFFICE　セラヴィ）、他

発売　図書出版浪速社
〒540-0037　大阪市中央区内平野町二丁目二番七号五〇二
電話〇六（六九四二）五〇三二㈹
FAX〇六（六九四二）一三四六

印刷・製本　株式会社　日報印刷

ISBN978-4-88854-489-4